Ingrid Moras

Coole Bänder
Winter-Look

CREATIV COMPACT

CHRISTOPHORUS

Inhalt

Winter-Hits

Voll im Trend liegst du mit coolen oder auch kuschelig weichen Anhängern, wie Schneemännern und Winterkindern, die passend zur vierten Jahreszeit an Taschen oder Handys baumeln. Mit schimmernden Schnüren bringen Schneeflocken-Püppchen Winterglitzer ins Haus, und Weihnachtsmann und Wichtel werden zum Blickfang am Tannenbaum oder an Weihnachtsgeschenken.

Das riesige Interesse an den bunten Kunststoffschnüren hält ungebrochen an und macht sich sehr zum Leidwesen der Lehrer auch unter Schultischen breit. Gelegentlich mussten Schüler sogar ermahnt werden, die Schnüre nicht in den Mund zu nehmen. Wie die öffentliche Diskussion zeigt, ist dieser Hinweis berechtigt, denn die Schnüre enthalten zu einem geringen Prozentsatz Weichmacher. Viele Firmen halten inzwischen Zertifikate bereit, die bestätigen, dass der Knüpfspaß ungetrübt fortgesetzt werden kann.

Wer Alternativen zu den Plastikschläuchen sucht, kann auf Baumwollschnüre, Veloursbänder oder Bast zurückgreifen. Das Festziehen der Schnüre zum gleichmäßigen Knoten fällt bei diesen Bändern viel leichter. Mit den Veloursbändern lassen sich sogar „Kuscheleffekte“ erzielen, wie der kleine Braunbär und das Winterkind zeigen.

Mein Lieblingstier, der Bär, und ich wünschen viel Spaß mit den Winter-Scoubidous.

Ingrid Moras

Material & Technik

Die Schnüre

Kunststoffschnüre mit dem Durchmesser von etwa 2 mm sind meist 80 – 200 cm lang. Es gibt sie in vielen leuchtenden Farben, opak und transparent, mit Glitter oder Silbereinzug. Figuren aus Schnüren mit Silbereinzug sind größer als die, die mit gewöhnlichen Schnüren gearbeitet sind. Die Knüpfbeispiele können auch mit alternativen Materialien wie Baumwollgarn (2 mm Ø), Veloursbändern (3 mm) oder Baststreifen geknüpft werden.

Knoten für Details

Beim *Schlingenknoten* eine Schnur (rechte Ziehschnur in Grün) nach unten ziehen, mit der anderen Schnur (linke Knüpfschnur in Rot) eine Schlinge nach rechts über die Ziehschnur legen und nach oben ziehen. Dann eine zweite Schlinge legen, nach oben ziehen und beide Schnüre nach unten ausrichten. Die rote Knüpfschnur liegt nun rechts und wird beim nächsten Knoten zur Ziehschnur.

Mit den einzelnen Schlingen des Schlingenknotens können mit einer Schnur auch mehrere Schnüre gebündelt werden.

Beim *Weberknoten* mit zwei Schnüren, je eine rote Schnur links und rechts, über die Schnüre in der Mitte (2 x Grün) einen Knoten legen: Die rechte rote Schnur über die grünen Schnüre nach links legen. Die linke rote Schnur über die rote Schnur, hinter den grünen Schnüren nach rechts und von hinten nach vorne durch die Schlinge der rechten, roten Schnur ziehen. Die Enden anziehen. Anschließend die roten Schnüre in der gleichen Weise, aber in entgegengesetzter Richtung zum Ausgangspunkt zurückführen. Für einen Farbwechsel die roten Knüpfschnüre über die grünen Ziehschnüre nach innen legen und den nächsten Weberknoten mit den grünen, nun außen liegenden Schnüren arbeiten.

Viereckige Geflechte

Mit vier Schnüren

Der Anfang mit und ohne Schlaufe

In der Mitte einer schwarzen Schnur einen einfachen lockeren Knoten legen. Eine blaue Schnur in der Mitte rund biegen und diesen Bogen durch den schwarzen Knoten ziehen. Zuletzt den schwarzen Knoten anziehen. Die blaue Schlaufe dient als Aufhängung.
Für einen Anfang ohne Schlaufe die blaue Längsschnur mit der Mitte auf die schwarze Querschnur legen.

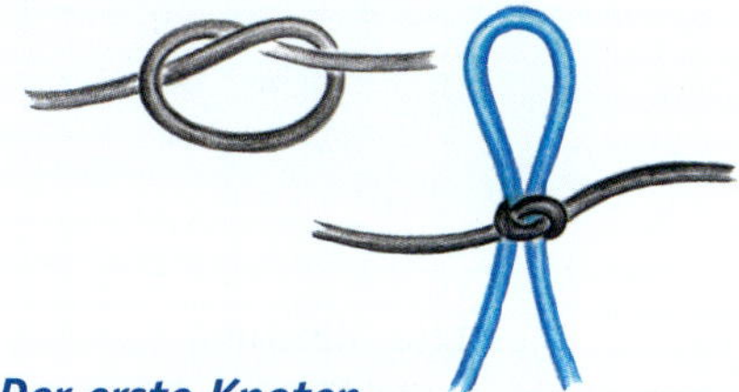

Der erste Knoten

1 Die beiden schwarzen Schnüre (= Querschnüre) waagrecht nach links und rechts, die blauen (= Längsschnüre) nach oben und unten ausrichten. Die schwarzen Querschnüre nach links und rechts zu Schlaufen biegen und mit den Fingern festhalten.

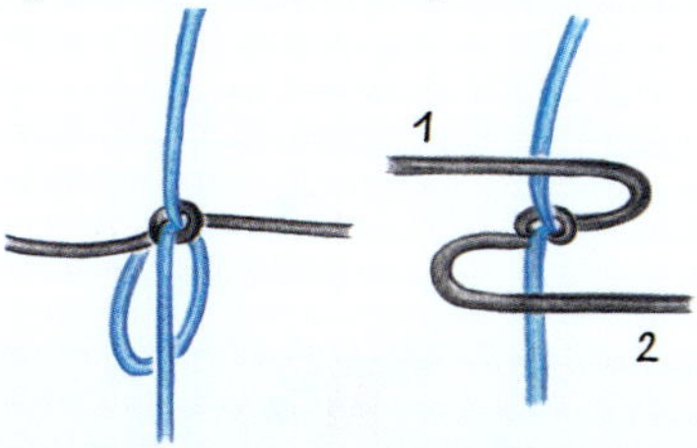

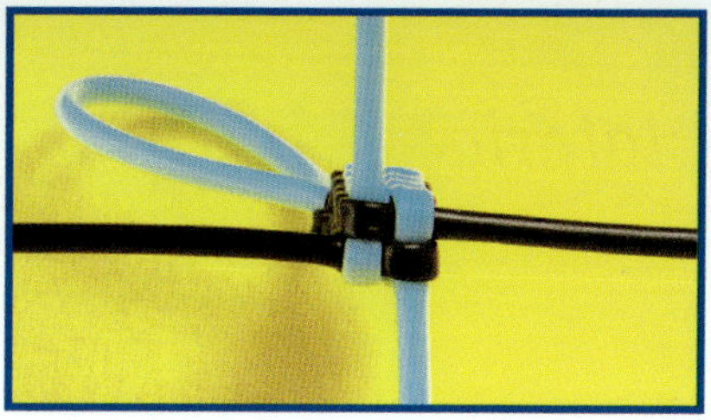

2 Die Längsschnüre der Reihe nach, jeweils über die erste Querschnur und dann durch die Schlinge der zweiten Querschnur, einmal von unten nach oben und dann von oben nach unten, einflechten. Die Schnüre gleichmäßig anziehen, so dass ein quadratischer Knoten entsteht.

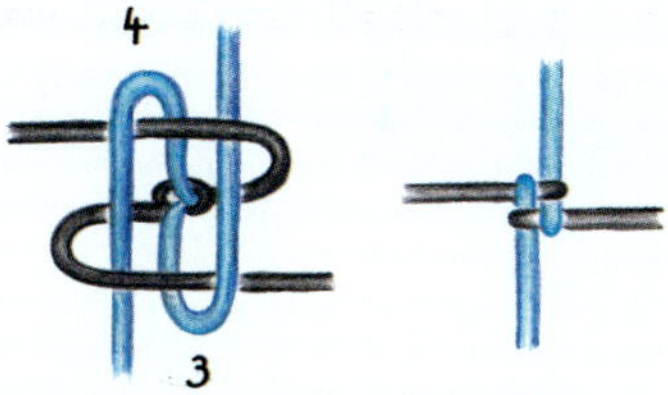

Der zweite Knoten

Für den nächsten Knoten die schwarzen Querschnüre nach rechts und links zu Schlingen legen und die Längsschnüre im Wechsel einmal von oben nach unten und einmal von unten nach oben jeweils über die erste Querschnur und durch die Schlinge der zweiten Querschnur ziehen. Die beiden beschriebenen Knoten werden immer wieder wiederholt.

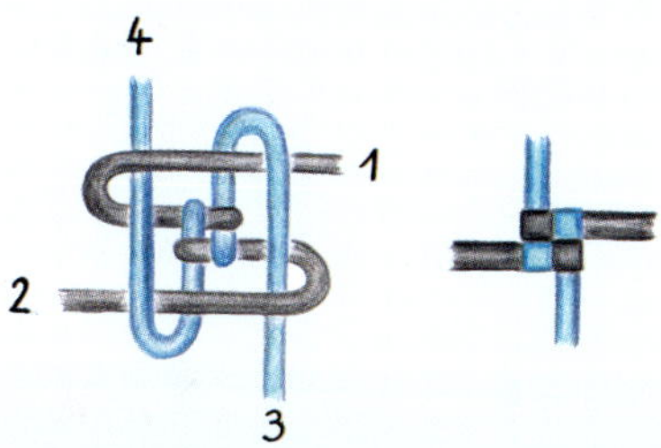

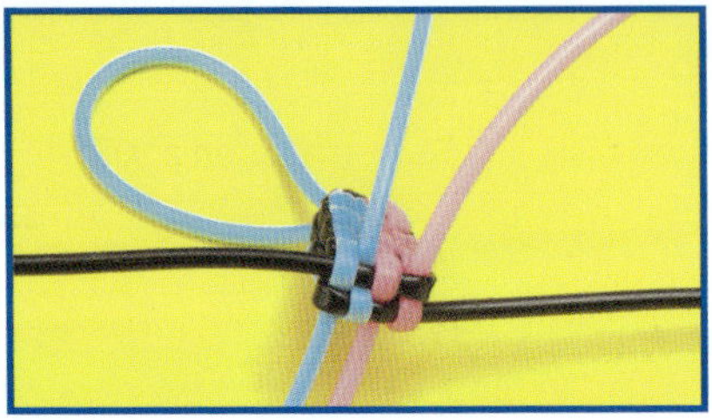

Mit sechs und mehr Schnüren

Das Verbreitern der Geflechte

Die viereckigen Geflechte können durch eine größere Anzahl von Längsschnüren (vier, sechs, acht, usw.) verbreitert werden. Die beiden schwarzen Querschnüre waagrecht nach links und rechts legen und die Längsschnüre der Reihe nach einflechten.

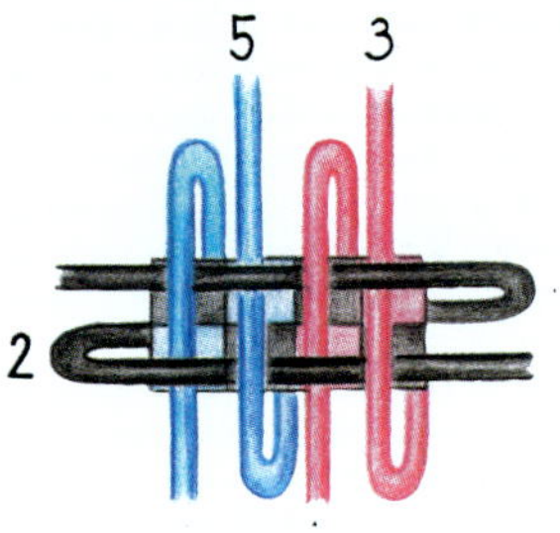

Geflechte mit größerer Tiefe

Die Geflechte erhalten durch eine größere Anzahl von Querschnüren mehr Tiefe. Die vier roten Querschnüre (I. bis IV.) im Wechsel waagrecht nach rechts und links legen und die vier grünen Längsschnüre der Reihe nach einflechten, im ständigen Wechsel einmal über die Querschnur und einmal unter der Querschnur hindurch. Bei solch massiven Geflechten muss jede Schnur zum Schluss einzeln angezogen werden, damit ein gleichmäßiger Knoten entsteht.

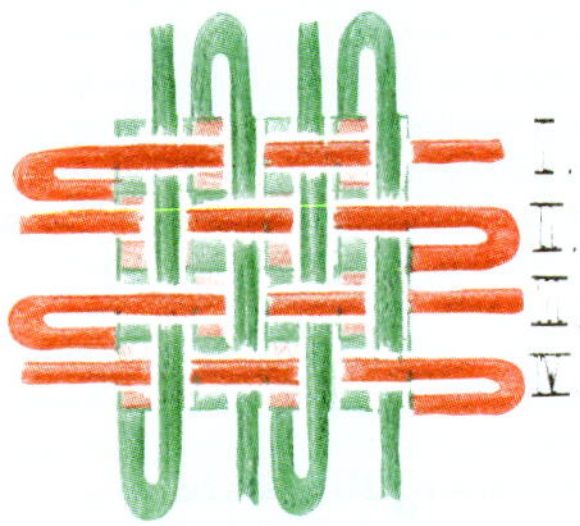

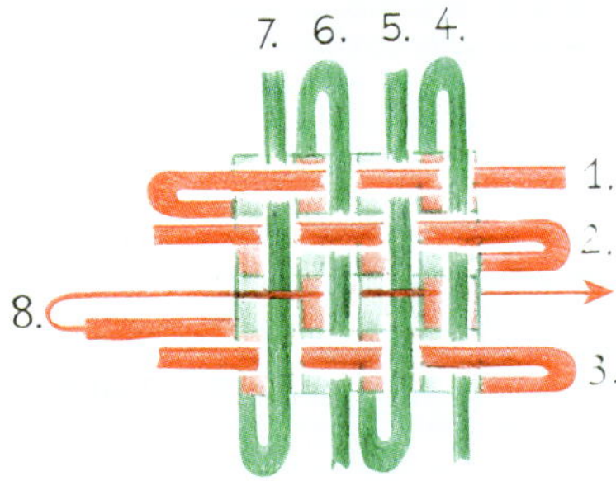

Das Einflechten der Längsschnüre ist bei vielen Querschnüren mühsam. Mit folgender Methode geht es bei mir schneller und einfacher: Lege die erste Querschnur (I.) nach rechts und die zweite und vierte Querschnur (II. und IV.) nach links. Die dritte Querschnur (III.) bleibt noch unberücksichtigt. Nacheinander die grünen Längsschnüre einflechten: über die Querschnur I und unter die Querschnüre II und IV, bzw. über die Querschnüre IV und II und unter die Querschnur I. Zuletzt den dritten roten Querfaden zwischen dem zweiten und vierten abwechselnd über und unter die Längsschnüre ziehen. Dazu die zweite und vierte Längsschnur von links mit einer Sticknadel zu einer kleinen Schlaufe hochziehen und den Querfaden durch die Schlaufen schieben.

Der Winkelknoten beim viereckigen Geflecht

Bei einem viereckigen Geflecht mit vier Schnüren kann ein rechter Winkel gearbeitet werden. Dazu das Flechtwerk so drehen, dass man auf die Seite blickt, an der das im rechten Winkel abstehende Flechtwerk entstehen soll (siehe Skizze, die schwarzen Pfeile zeigen die Blickrichtung an).

Die nach hinten zeigende, grüne Längsschnur (1.) unter der roten Querschnur nach vorne führen und nach oben legen. Die nach vorne zeigende, grüne Längsschnur (2.) nach unten ausrichten; beide Schnüre in dieser Position festhalten.

Die vordere rote Querschnur (3.) über die linke und unter die rechte Längsschnur einflechten.

Zuletzt die hintere rote Querschnur unter der Querschnur hindurch nach links über die rechte Längsschnur und durch die Schlaufe der linken Längsschnur führen. Nun kann das Geflecht im rechten Winkel fortgesetzt werden.

Runde Geflechte

Mit vier Schnüren

Ein rundes Geflecht mit vier Schnüren entsteht, wenn die Querschnüre nicht waagrecht, wie beim viereckigen Knoten, gelegt werden, sondern diagonal von unten nach oben (1.) bzw. von oben nach unten (2.). Anschließend die Längsschnüre der Reihe nach schräg jeweils über die erste Querschnur durch die Schlaufe der zweiten einflechten.

Spiralförmige Geflechte

Spiralförmige Geflechte mit sechs und mehr Schnüren sind die konsequente Fortsetzung des runden Vierergeflechtes mit seinen diagonalen Schnurführungen. Die beiden schwarzen Querschnüre diagonal nach oben und nach unten legen und in dieser Position festhalten. Dann die Schnüre im Wechsel nach unten und schräg nach oben einflechten und die Enden gleichmäßig anziehen. Durch die Wiederholung des Knotens ergibt sich von selbst die Spirale. Das spiralförmige Geflecht kann wie das viereckige Flechtwerk durch eine größere Anzahl von Längsschnüren erweitert werden.

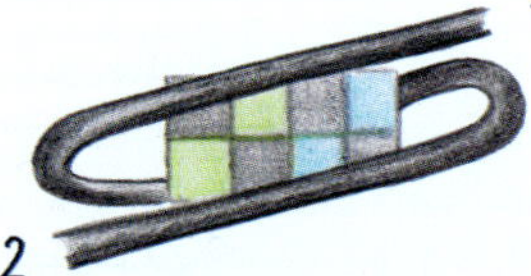

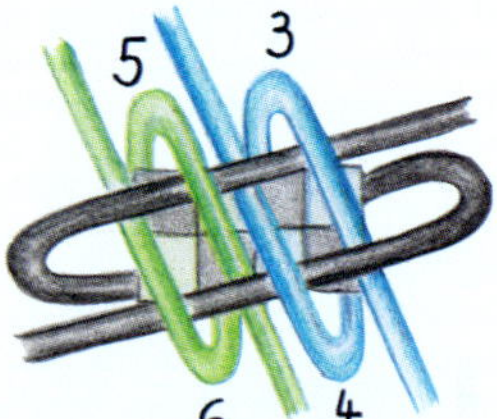

Tipps & Tricks

Schnüre einlegen

Solange die Schnüre eines Knotens noch nicht festgezogen sind, können Schnurstücke für Arme, Flügel u. a. Details mittig zwischen zwei Querschnüre und unter alle Längsschnüre eingelegt werden. Ebenso kann man durch das Einlegen einer Schnur parallel zu den Querschnüren die Anzahl der Querschnüre von zwei auf vier erhöhen.

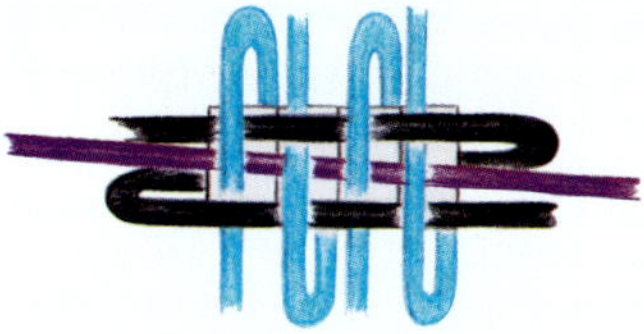

Mit Schnüren verbreitern

Um Flechtwerke zu verbreitern, vor dem Festziehen eines Knotens eine zusätzliche Schnur in der Mitte oder auch am Rand in Längsrichtung unter die Querfäden und parallel zu den Längsfäden einlegen. Dadurch wird zum Beispiel aus einem Flechtwerk mit sechs Schnüren ein Geflecht mit acht Schnüren.

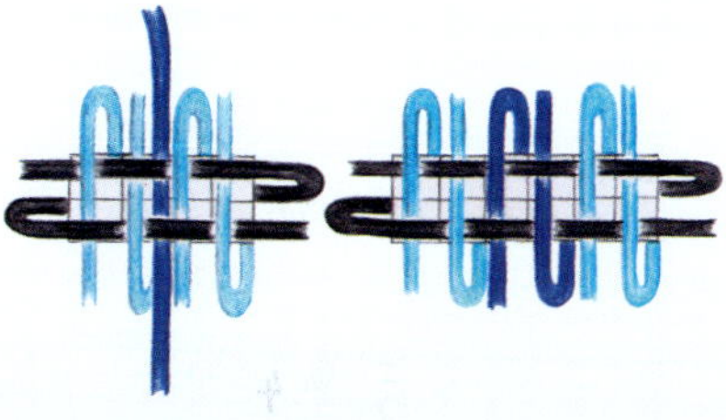

Anzahl der Schnüre verringern

Um ein Geflecht zu verjüngen, je eine gegenüberliegende Schnur oben und unten, meist in der Mitte des Flechtwerkes, miteinander verknoten und abschneiden. So verschwinden die Schnurenden unter dem nächsten Knoten (Schnüre mit Silbereinzug sind dazu zu dick). Oder die beiden gegenüberliegenden Schnüre abschneiden und die Enden „verschmelzen“ (s. u.).

Die Enden versiegeln

Da die Schnüre nicht rutschen, genügt es, die Enden zum Schluss mit etwa 2 mm Überstand abzuschneiden und eventuell mit etwas Klebstoff zu fixieren. Zur Sicherheit und um die Enden „verschwinden“ zu lassen, die Spitze eines kleinen Schraubenziehers auf der Herdplatte erwärmen und auf das Ende legen. Dadurch verschmilzt der Überstand bis zum Geflecht hin. Vor dem erneuten Gebrauch Schmelzreste mit einem Küchenpapier abwischen.

Zierelemente aus Draht

In die hohlen Schnüre können Drähte (Messingdraht, 0,3 - 0,8 mm Ø, oder Silberdraht) eingeschoben werden. Dadurch werden Details formbar.

Material

Weißes Winterkind

- Veloursbänder in Weiß, Hellblau, 3 mm
- je 2 Glitterperlen in Transparent, Blau, 7 mm Ø
- Perle (Polaris) in Apricot, 14 mm Ø
- Flauschfeder in Orange
- Acrylfarbe in Weiß
- Farbstift in Rot
- Tuschestift in Schwarz, permanent

Blaues Winterkind

- Schnüre in Transparent, Blau, Hellblau (mit Glitter)
- Silberdraht, 0,8 mm Ø
- Perle (Polaris) in Apricot, 10 mm Ø
- 2 Glitterperlen in Blau, 7 mm Ø
- Acrylfarbe in Weiß
- Farbstift in Rot
- Tuschestift in Schwarz, permanent

Vorlagenheft

Seiten 2 – 3

Anleitung für das blaue Winterkind im Vorlagenheft auf Seite 3.

Winterkinder

Weißes Winterkind

1 Vier 60 cm lange Veloursbänder in Weiß abschneiden und in der Mitte sechs Weberknoten arbeiten. Das Knotenband um die Perle (14 mm Ø) herumlegen und mit einem Band um alle sieben anderen Bänder eine Schlinge legen (I.). Einen Knoten (viereckig, wie alle weiteren) mit acht Bändern arbeiten (II.). Beim nächsten Knoten quer ein 6 cm langes Band als Arm einlegen (III.). Vier Knoten mit acht Bändern (ohne Skizze, wie bei II.) legen. Beim letzten Knoten mittig zwei 20 cm lange hellblaue Bänder für die Füße einlegen (IV.). Die weißen Schnüre bis auf etwa 5 mm kürzen und fein einschneiden.

2 Mit je zwei Bändern ein Bein mit Schlingenknoten arbeiten (IV.): Dazu den Körper des Winterkinds mit Klebeband am Tischrand fixieren und die Knoten arbeiten wie auf Seite 4 beschrieben. Diesen Schlingenknoten für jedes Bein zwei Mal durchführen, dann die Enden durch eine Glitterperle ziehen und kürzen.

3 Als Hand jeweils eine Glitterperle aufschieben und mit Klebstoff fixieren. Als Haare eine Feder einschieben und als Schal ein blaues Band umbinden. Das Gesicht aufmalen. Es ist ratsam, die Kopfperle mit Klebstoff zu sichern.

Material

Schneemann mit blauer Mütze

- Schnüre in Weiß (opak), Blau (mit Glitter), Silber (mit Silbereinzug)
- Holzperle in Weiß, 12 mm Ø
- Messingdraht, 0,8 mm Ø
- Tuschestift in Schwarz, permanent
- kleine Rundzange

Schneemann aus Bast

- Edelbast Raffia, Viscose, matt, mit Farbverlauf in Weiß/Ocker/Schwarz
- Perle (Polaris) in Weiß, 10 mm Ø
- Tuschestift in Schwarz, permanent

Schneemann mit gelber Mütze

- Schnüre in Hellgrün, Gelb, Weiß (opak), Gelb (mit Glitter)
- 2 Rocailles in Schwarz
- 3 Rocailles in Orange, 2,5 mm Ø
- 3 Kunststoff-Glitterperlen in Kristall, 7 mm Ø
- Messingdraht, 0,8 mm Ø
- Perlonfaden, 0,25 mm Ø
- Sticknadel

Vorlagenheft

Seiten 4 - 7

Anleitung für die Schneemänner mit Bast und mit gelber Mütze im Vorlagenheft auf den Seiten 5 – 7.

Schneemänner

Schneemann mit blauer Mütze

1 In eine 13 cm lange, blaue Schnur Draht einziehen und mit einer kleinen Zange eine Spirale für die Mütze formen. Die Enden einer 80 cm langen, weißen Schnur durch die „Mütze" und die Holzperle nach unten ziehen, einen Knoten legen und dabei mittig zwei Schnüre in Silber und Weiß (je 70 cm) einhängen.

2 Sieben Knoten (spiralförmig) mit sechs Schnüren arbeiten (I.). Dabei beim ersten Knoten eine mit Draht versehene, weiße Schnur quer als Arme einlegen und die Enden rund eindrehen. Beim achten Knoten eine 40 cm lange, weiße Schnur längs einlegen (II.) und dann die untere Hälfte des Schneemanns mit insgesamt sieben Knoten (spiralförmig) mit acht Schnüren flechten (III.). Schnurüberstände abschneiden. Eine blaue Schnur als Schal umbinden und die Enden fein einschneiden. Das Gesicht aufmalen.

Hase & Eule

Material

Schneehase

- Schnüre in Weiß, Hellblau, Rot, Grün (mit Glitter), Schwarz (opak)
- Messingdraht, 0,8 mm Ø
- Perle (Polaris) in Weiß, 14 mm Ø
- Holzperle in Schwarz, 4 mm Ø
- Farbstift in Hellblau
- Tuschestift in Schwarz, permanent
- Perlonfaden in Schwarz, 0,25 mm Ø

Schneeeule

- Schnüre in Violett, Silber (Silbereinzug)
- 2 Holzperlen in Hellviolett, 12 mm Ø
- Tuschestift in Schwarz, permanent
- Acrylfarbe in Weiß
- Farbstift in Violett
- Sekunden- oder Dekokleber
- große Sticknadel

Vorlagenheft

Seiten 8 - 10

Anleitung für die Schneeeule im Vorlagenheft auf Seite 8.

Schneehase

1 In ein 9 cm langes, schwarzes Schnurstück Draht einziehen und die Ohren biegen. Mittig zwei weiße Schnüre (je 70 cm) einhängen, die Schnurenden (= Querschnüre) durch die Perle ziehen und unter der Perle über je zwei Enden je eine weitere Schnur mittig anbinden.

2 Einen Knoten (quadratisch) mit den acht Schnüren arbeiten (I.). Beim nächsten Knoten jeweils am Rand je eine hellblaue Schnur längs einlegen (II.). Sieben Knoten (viereckig) mit 12 Schnüren flechten (III.). Beim siebten Knoten quer einen etwa 15 cm langen Messingdraht einlegen (IV.).

3 Mit jeweils vier Schnüren an den Seiten je acht Weberknoten als Beine arbeiten und dabei den Draht einlegen, damit die Beine biegbar werden (IV.). Den Drahtüberstand abschneiden. Mit den beiden vorderen Schnüren drei Schlingen übereinander festziehen (= Vorderpfoten). Die letzten beiden Schnüre hinten dreimal miteinander verknoten (= Schwanz).

4 Das Gesicht aufmalen. Eine halbierte Holzperle als Nase aufkleben. Dabei drei schwarze Perlonfäden als Schnurrhaare dazwischen fassen. Als Schal kurze Schnurstücke (2 - 5 mm) auf Draht aufschieben und um den Hals wickeln. Die Drahtenden jeweils in das vorletzte Schnurstück einschieben und so verstecken.

Goldbär & Braunbär

Material

Goldbär

- Schnüre in Gold (mit Goldeinzug), Rot (mit Glitter)
- Perle (Polaris) in Apricot, 14 mm Ø
- Holzperle in Rot, 4 mm Ø
- 6 Holzperlen in Rehbraun, 8 mm Ø
- Tuschestift in Schwarz, permanent
- Sekundenkleber oder Kraftkleber
- Cutter

Braunbär

- Veloursbänder in Hellbraun, Tannengrün, 3 mm
- Perle (Polaris) in Apricot, 14 mm Ø
- Holzperle in Rehbraun, 4 mm Ø
- 6 Holzperlen in Rehbraun, 8 mm Ø
- Tuschestift in Schwarz, permanent
- Sekundenkleber oder Kraftkleber
- Cutter

Vorlagenheft

Seite 11

1 In der Mitte von vier 80 cm langen Schnüren zwei Weberknoten legen. Auf die mittleren beiden Schnüre eine Holzperle (8 mm Ø) als Ohr aufschieben. Beide Arbeitsschritte wiederholen und nochmals zwei Weberknoten legen (I.). Beim Aufschieben der Holzperlen so viel Spielraum lassen, dass die Perlen nach oben überstehen. Das Knotenband um die Kopfperle (14 mm Ø) herumlegen, mit einer Schnur darunter um die anderen sieben Schnüre eine Schlinge legen und so bündeln.

2 Die Schnüre ordnen (II.) und dabei die längsten Goldschnüre als Querschnüre verwenden. Einen Knoten (viereckig, wie alle folgenden) mit acht Schnüren legen und dabei jeweils am Rand eine 50 cm lange Schnur einlegen (III.). Einen Knoten mit zwölf Schnüren arbeiten und dabei quer eine 8 cm lange Schnur für die Arme einlegen (IV.). Den Körper des Bären mit fünf Knoten mit zwölf Schnüren beenden (V.). Anschließend alle Goldschnüre bis auf vier nach vorne zeigende abschneiden (VI.).

3 Mit je zwei Schnüren ein Bein mit drei Schlingenknoten arbeiten wie auf Seite 4 beschrieben. Dazu den Körper des Bären mit Klebeband am Tischrand fixieren. Die Schnurenden durch eine Holzperle ziehen und kürzen (VI.).

4 Als Hände Holzperlen aufschieben und durch einen Knoten vor dem Abrutschen sichern. Um den Hals zwei rote Schnüre als Schal binden. Die halbierte Perle als Nase aufkleben. Das Gesicht aufmalen. Es ist ratsam, die Kopfperle mit Klebstoff zu sichern.

Vorlagenheft

Reihe Creativ Compact
„Coole Bänder Winter-Look“
von Ingrid Moras

ISBN 3-419-56685-9

Reinzeichnungen:
Ingrid Moras

Montage:
art und weise, Freiburg

Hinweis

Dieses Vorlagenheft kann aus dem Buch herausgenommen werden.
Dazu die obere und die untere Klammer in der Mitte des Buches öffnen.
Die mittlere Klammer nicht öffnen, sie hält das Vorlagenheft zusammen.
Das Vorlagenheft herausnehmen und die Klammern wieder schließen.

Weißes Winterkind

I.

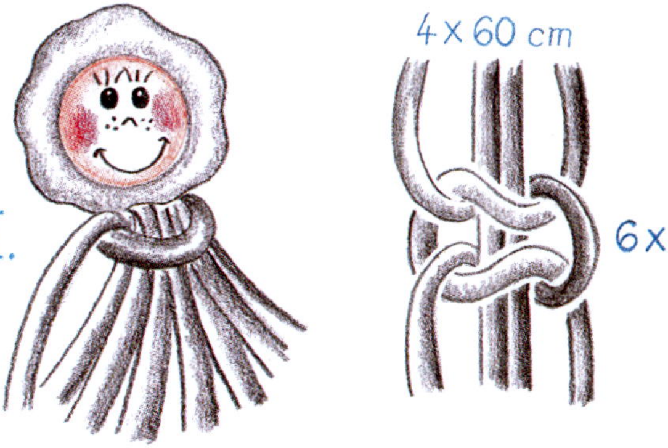

II.

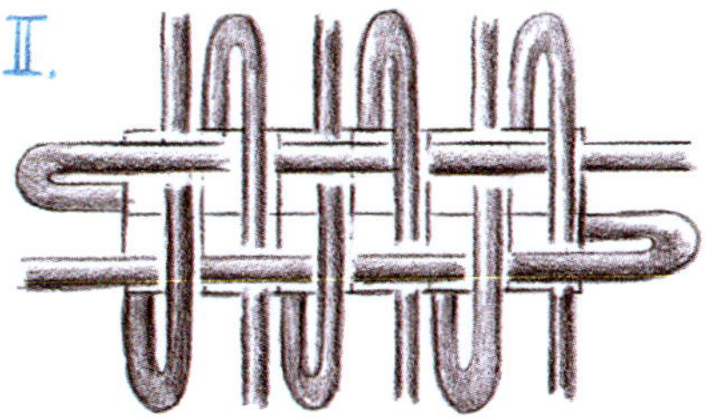

III.

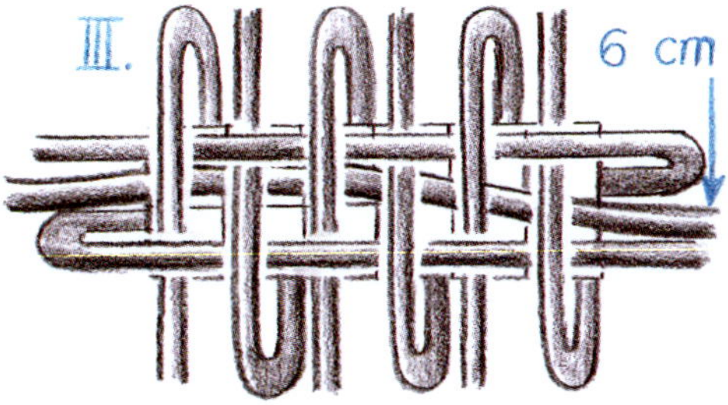

IV.

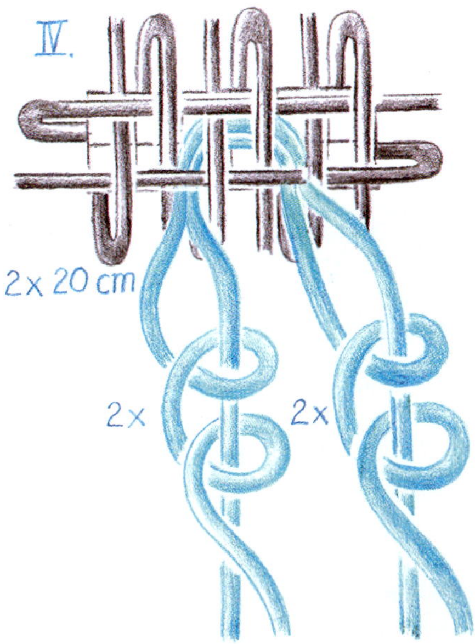

Blaues Winterkind

Abbildung & Materialangaben Seite 10/11

Das blaue Winterkind in der gleichen Weise arbeiten wie das weiße (Seite 10 im Buch). Für die Kopfummantelung mit zwei blauen Schnüren über zwei transparente sechs Weberknoten legen (I.) und die Schnüre unter dem Kopf mit einer Schlinge bündeln. Anschließend die Schnüre ausrichten, wie bei Punkt II. verdeutlicht, und analog zum weißen Winterkind arbeiten. Als Beine blaue Schnüre einlegen. Als Arm eine 5 cm lange hellblaue Schnur einlegen, in die vorher mittig ein 15 cm langes Drahtstück eingezogen wurde. Aus den überstehenden Drahtenden mit einer kleinen Zange Hände formen. Drahtüberstände abschneiden.

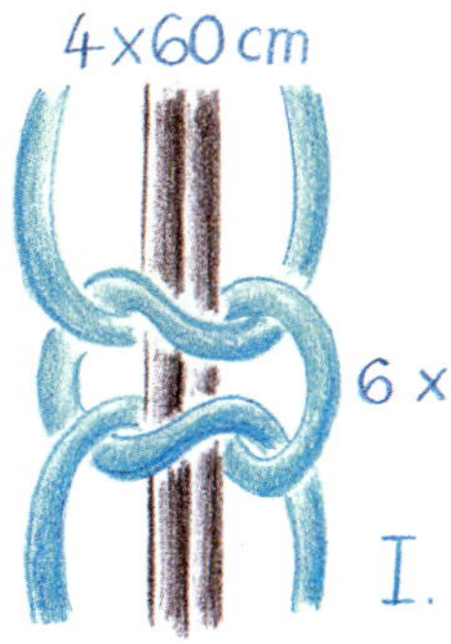

Schneemann mit blauer Mütze

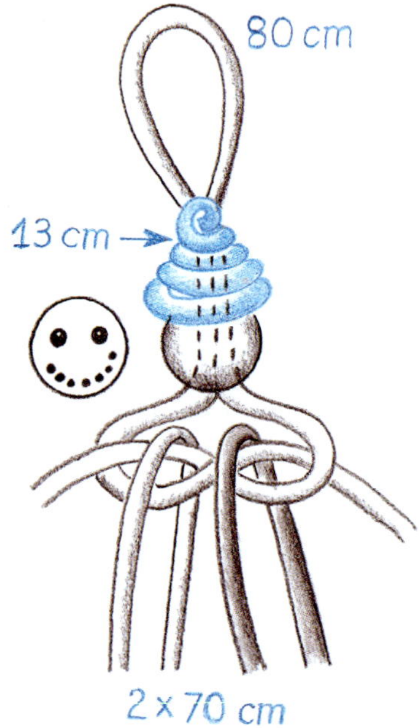

I.

II.

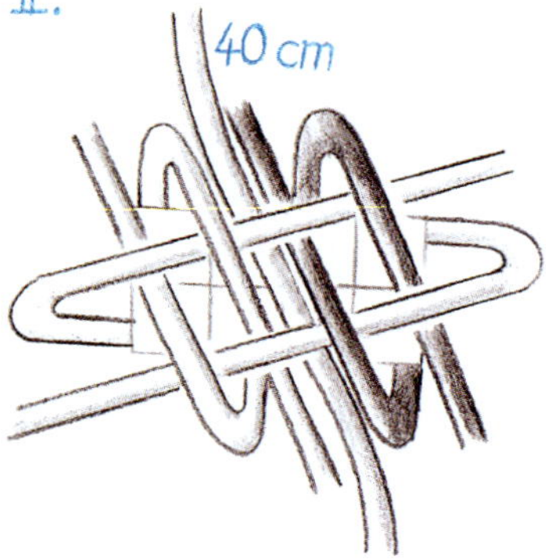

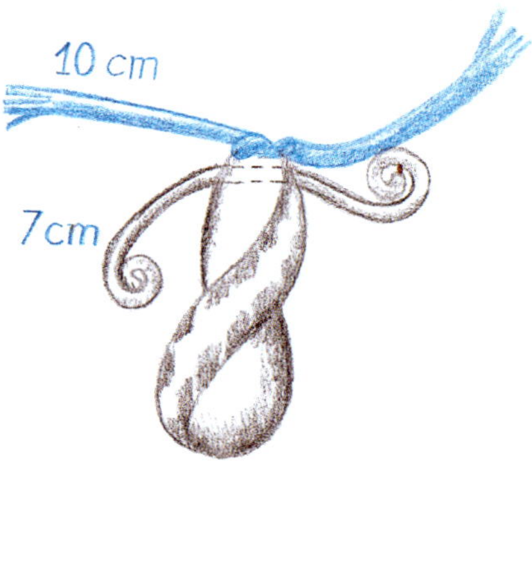

III.

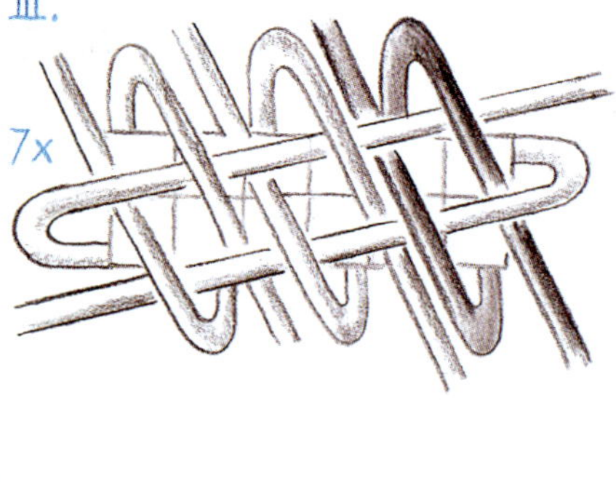

Schneemann aus Bast

Abbildung & Materialangaben Seite 12/13

Der Schneemann aus Bast wird in der gleichen Weise spiralförmig geknüpft wie der Schneemann mit blauer Mütze (Seite 12 im Buch). Sechs 60 cm lange Baststreifen durch die Perle ziehen, dabei liegen die schwarzen und ockerfarbenen Enden über der Perle. Zwei schwarze Baststreifen als Aufhängung verknoten, die restlichen 2 cm über der Perle mit Bast zusammenbinden und abschneiden. Den Knoten anschließend nach unten drücken und über der Perlenöffnung mit Klebstoff fixieren. Den Baststreifen für die Arme entweder beim ersten Knoten quer einbauen oder nachträglich mit einer Sticknadel einziehen. Als Hände je einen Knoten legen. Nach sechs Knoten mit sechs Schnüren beim siebten Knoten einen weißen Baststreifen längs mittig einlegen und den Schneemann mit sieben Knoten mit acht Baststreifen beenden. Die Baststreifen nach etwa 2 cm kürzen und fein einschneiden. Das Gesicht aufmalen.

Schneemann mit gelber Mütze

Abbildung & Materialangaben Seite 12/13

1. Zwei 30 cm lange, gelbe Schnüre im rechten Winkel aufeinander legen (I.). Einen Knoten (viereckig, wie alle folgenden) mit vier Schnüren arbeiten und dabei gelbe Abschnitte und eine Schnur für die Aufhängung einknüpfen. Die Abschnitte fein einschneiden. Einen weiteren Knoten legen (II.). Beim nächsten eine 30 cm lange Glitzerschnur mittig längs einlegen (III.). Einen Knoten mit sechs Schnüren arbeiten und dabei nochmals eine 30 cm lange Glitzerschnur längs einlegen (IV.) Zwei Knoten mit acht Schnüren arbeiten (V.). Beim nächsten Knoten vier 60 cm lange, weiße Schnüre mittig längs einlegen.

2. In jede gelbe Schnur der Mütze eine Schlinge legen und diese an der Mütze festziehen. Den Überstand auf etwa 3 mm kürzen und fein einschneiden. Mit den weißen Schnüren weiterarbeiten: Die linke nach oben und die rechte nach unten zeigende Schnur als Querschnüre umlegen und die restlichen Schnüre der Reihe nach einflechten (VII.). Insgesamt fünf Knoten mit acht Schnüren arbeiten und dabei beim fünften Knoten eine Stricknadel quer einlegen. Die auf diese Weise entstehenden langen Schlaufen der Längsschnüre werden mit einem grünen „Schal“ später zusammengebunden.

3. Beim nächsten Knoten (VIII.) mit acht Schnüren quer eine 7 cm lange Schnur mit eingezogenem Draht als Arme einlegen und längs mittig eine 50 cm lange weiße Schnur. Die Enden der Arme jeweils nach oben biegen. Den Schneemann mit sieben Knoten mit zehn Schnüren beenden (IX.). Dann jeweils drei bzw. in der Mitte vier Schnüre durch eine Kunststoff-Perle ziehen und mit Klebstoff fixieren. Mit einer Sticknadel und Perlonfaden Rocailles als Nase und Augen aufnähen.

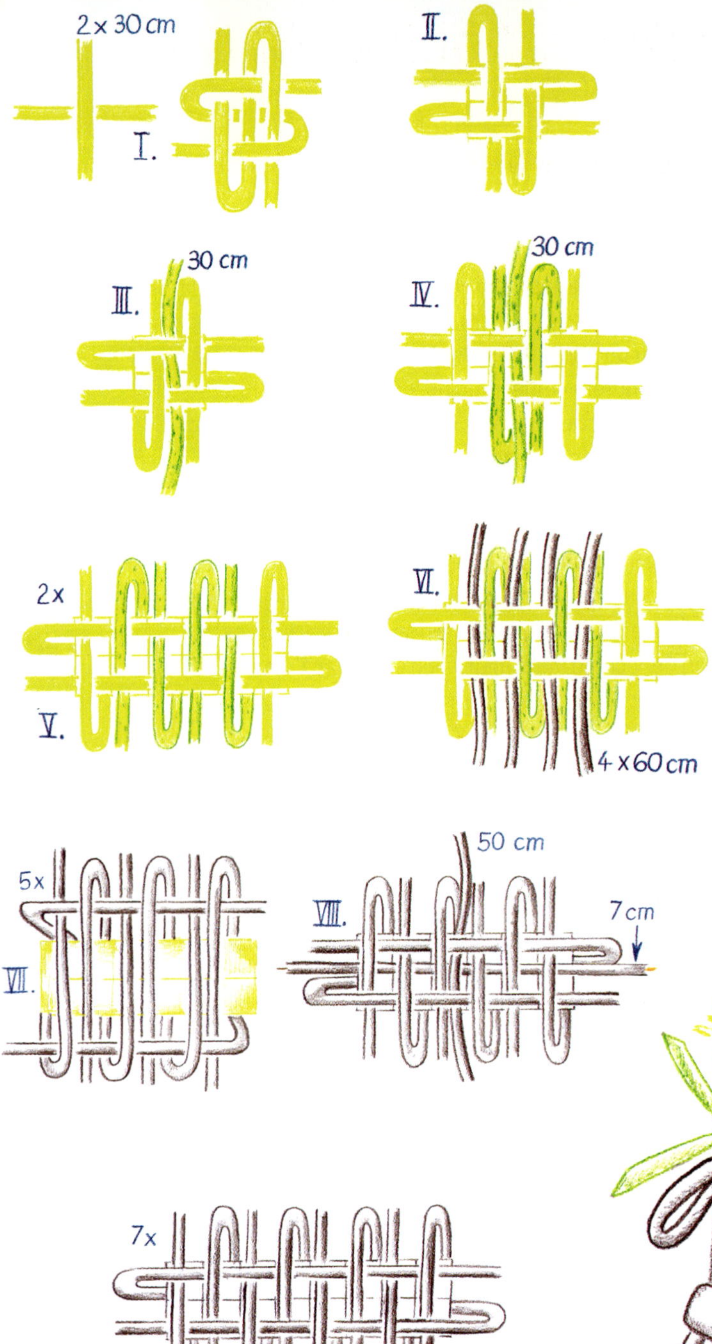
2 x 30 cm
I.
II.
30 cm
III.
30 cm
IV.
2x
V.
VI.
4 x 60 cm
5x
VII.
50 cm
VIII.
7 cm
7x
IX.

Schneeeule

Abbildung & Materialangaben Seite 14/15

1. Auf zwei 60 cm lange Längsschnüre in Violett mittig eine 1 m lange, silberne Querschnur mit zwei aufgeschobenen Holzperlen auflegen (I.). Dann zwei weitere Längsschnüre (je 60 cm) mittig hinzufügen (II.), die Querschnüre einschlagen und die Längsschnüre der Reihe nach (viereckiger Knoten mit 10 Schnüren) einflechten (III.). Einen zweiten Knoten (viereckig) mit 10 Schnüren arbeiten (IV.). Beim dritten Knoten mittig zwei 60 cm lange Schnüre quer einlegen (V.).

2. Die beiden bisherigen, silberfarbenen Querschnüre anschließend als Längsschnüre einflechten, so dass die Eule verbreitert wird. Die neu eingelegten Schnüre als vier Querfäden benutzen und der Eule so eine größere Tiefe geben. Diesen viereckigen Knoten sechsmal arbeiten (VI.) Bei solch ausladenden Geflechten muss man jeden einzelnen Faden anziehen, bis ein gleichmäßiger Flechtknoten entsteht.

3. Die nach vorne zeigende Schnur in der Mitte abschneiden. Die nächsten drei Schnüre links und rechts jeweils als Fuß bündeln: Dazu mit einer Schnur über die beiden anderen zwei Schlingen festziehen. Die Überstände dann nach etwa 4 mm abschneiden. Alle übrigen Schnüre hinten abschneiden. Mit einer Sticknadel drei silberne Schnüre für die Flügel durch den Körper einziehen, die Enden unten zusammenfassen und mit Klebstoff aneinander fixieren. Nach dem Abbinden des Klebers die Schnüre der Flügel schräg einkürzen.

4. Auf die Holzkugeln Augen aufmalen und mit Farbstift Federn andeuten. Als Schnabel ein Stück Schnur in der Mitte knicken, die Enden zwischen den Perlen einstecken bzw. mit einer Sticknadel nach hinten ziehen und mit Klebstoff fixieren.

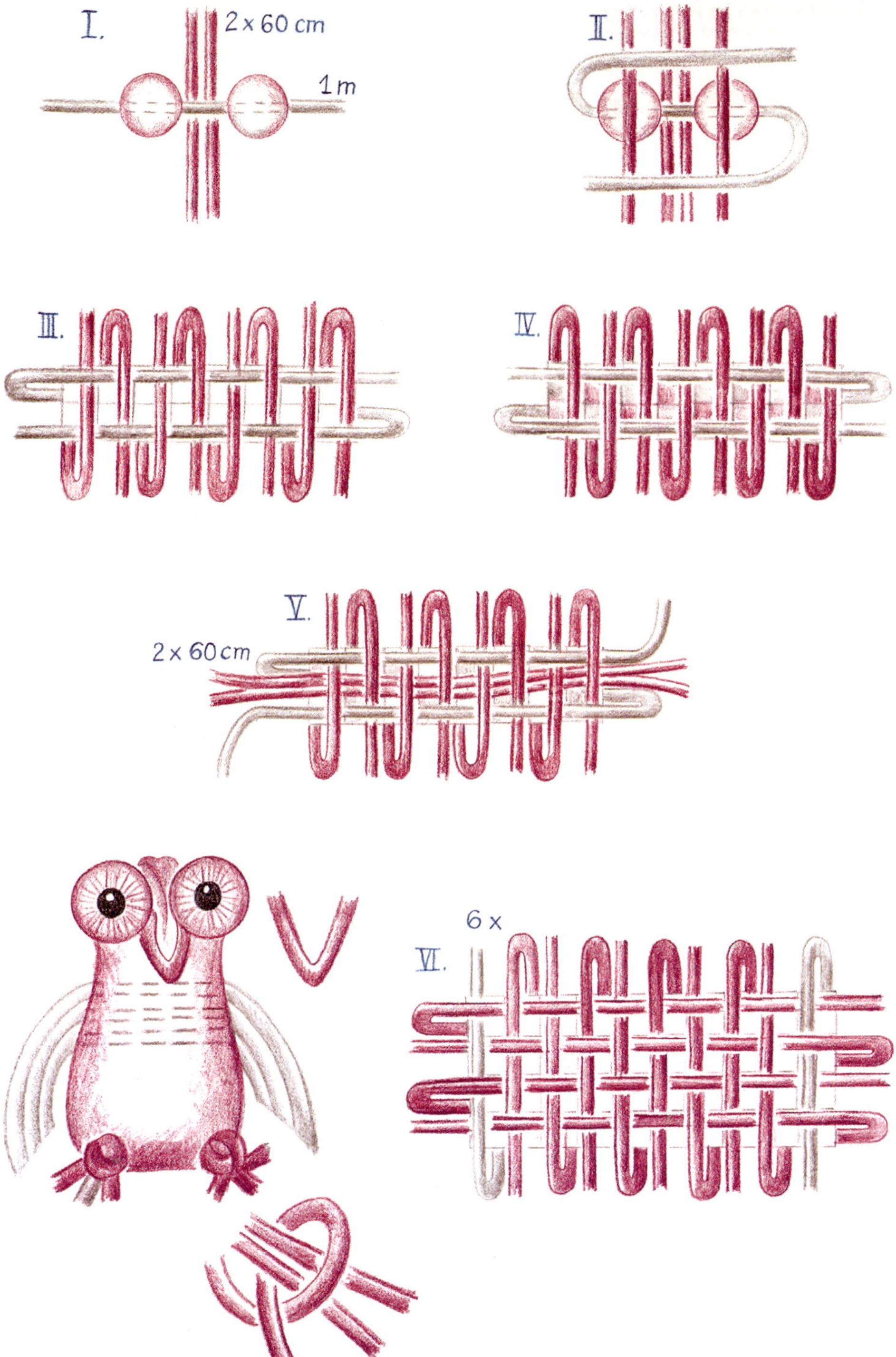
I.
2 x 60 cm
1 m
II.
III.
IV.
V.
2 x 60 cm
6 x
VI.
2 x

Schneehase

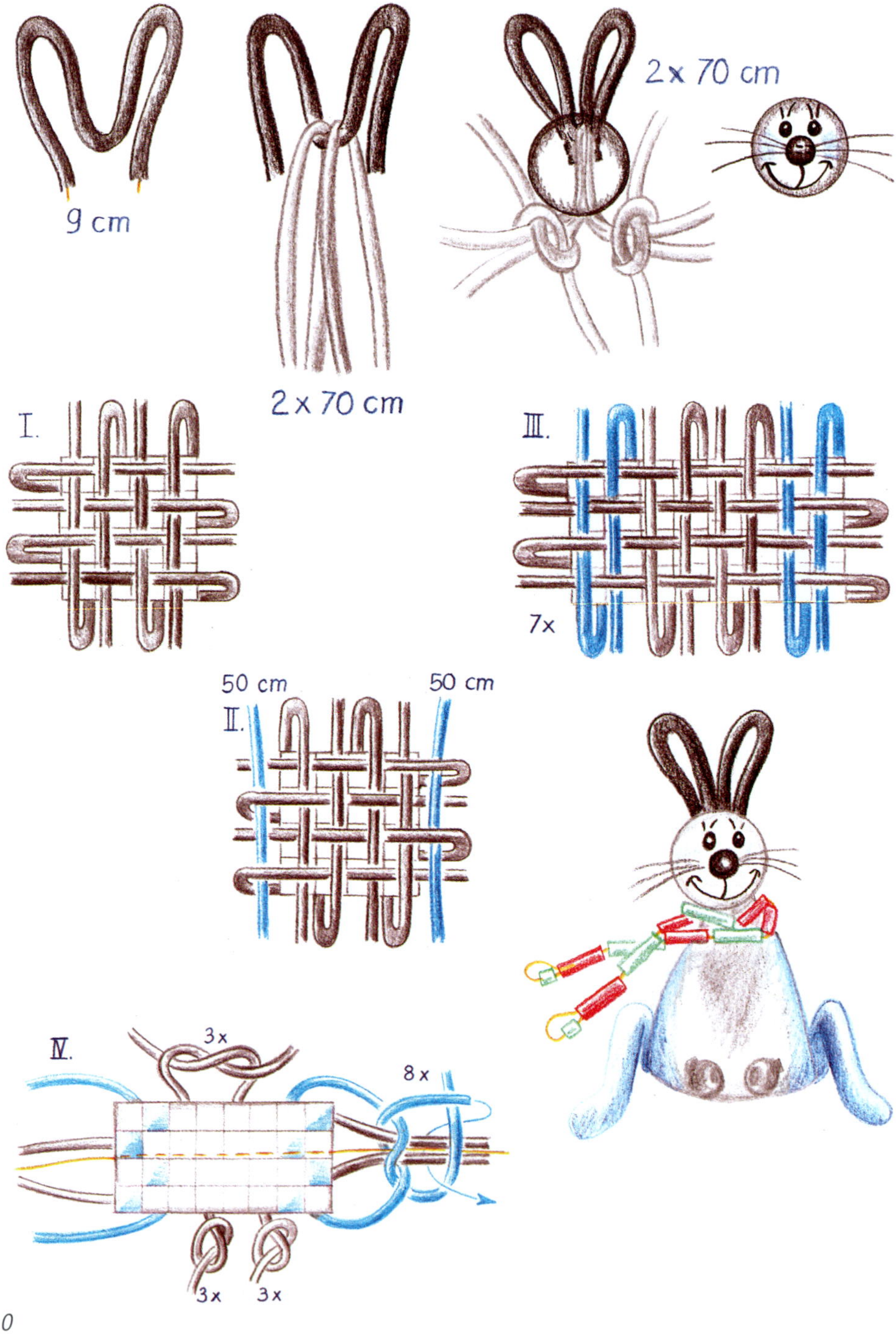

Goldbär & Braunbär

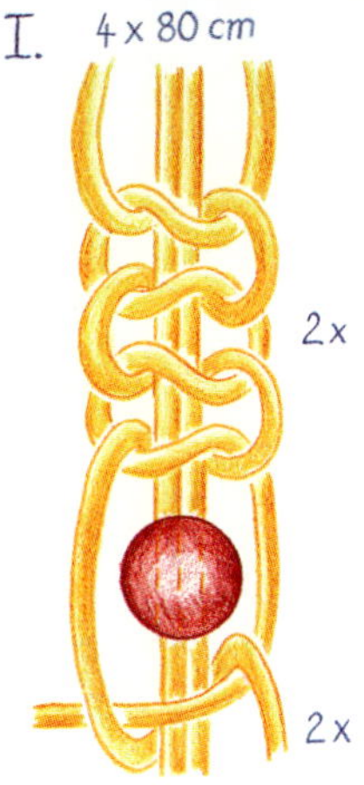

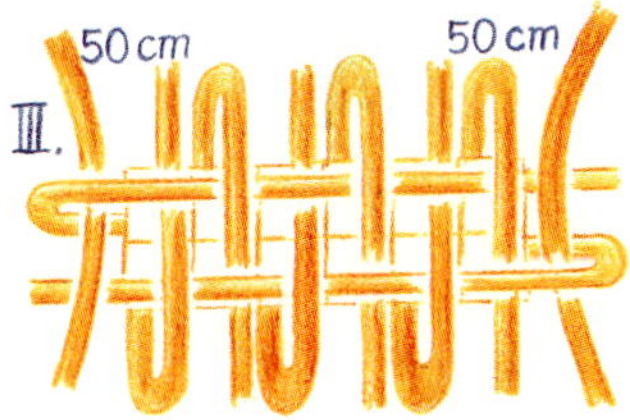

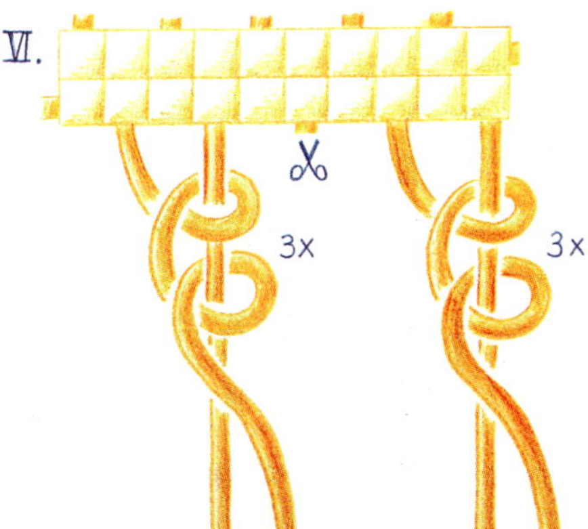

Schneeflocken

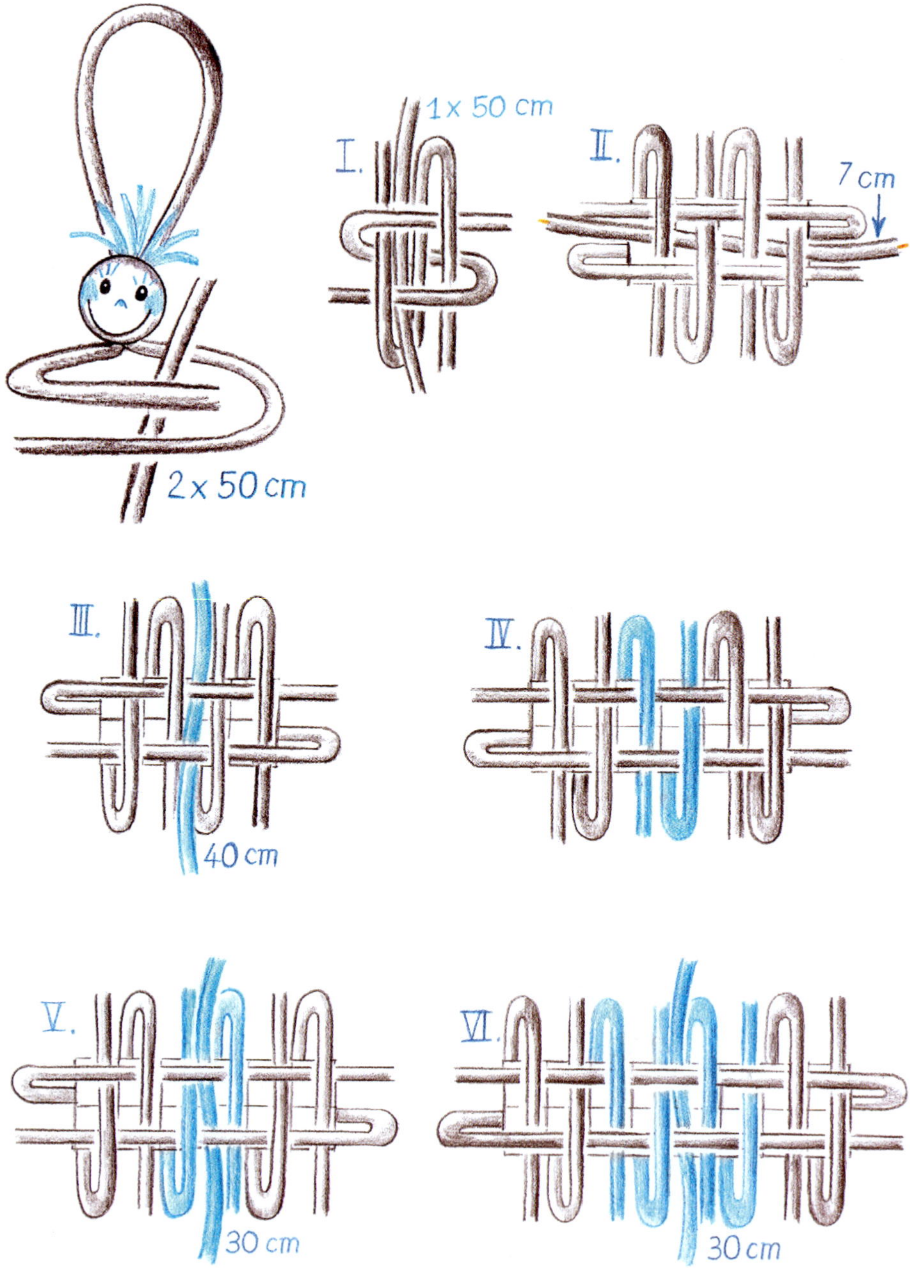

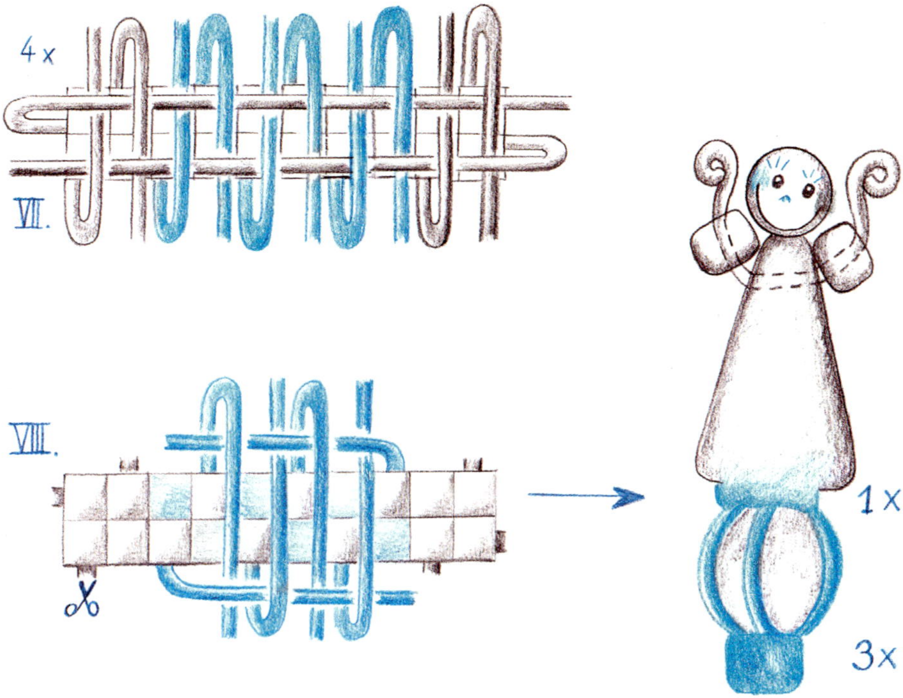
4x
VII.
VIII.
1x
3x

Tanne

Abbildung & Materialangaben Seite 20/21

1. Vier 1 m lange grüne Schnüre 15 cm von einem Ende entfernt mit einem Schnurstück fixieren. Einen Knoten (viereckig) mit vier Schnüren arbeiten (I.) und zehn weitere anschließen (II.).

2. Anschließend einen Winkelknoten arbeiten (III.): Dazu das Flechtwerk so drehen, dass man auf die Seite blickt, an der das im rechten Winkel abstehende Flechtwerk entstehen soll (siehe Seite 7). Die hintere, linke Längsschnur unter der Querschnur nach vorne führen und nach oben legen. Die vordere, rechte Längsschnur nach unten ausrichten. Die linke, vordere Querschnur über die linke und unter die rechte Längsschnur fädeln. Zuletzt die hintere, rechte Querschnur unter der anderen Querschnur nach vorne und über die rechte Längsschnur in die Schlaufe der linken Längsschnur ziehen.

3. Nach dem Winkelknoten fünf Knoten (viereckig) arbeiten (IV.). Das Geflecht wiederum so drehen, dass man auf die Seite blickt, an der das Geflecht im rechten Winkel weitergeführt werden soll und einen Winkelknoten arbeiten (V.) wie oben beschrieben.

4. Nach diesem Winkelknoten drei Knoten (viereckig) flechten (VI.). Wie die Skizze des Tannenbaums verdeutlicht weiterarbeiten: Einen Winkelknoten (III.) arbeiten, fünf Knoten (viereckig) anschließen. Einen Winkelknoten (V.) legen und drei Knoten (viereckig) arbeiten, usw.

5. Die acht Schnüre ordnen wie die Skizze verdeutlicht und vier Knoten (viereckig) mit acht Schnüren als Baumstamm legen (VII.). Auf einen Perlonfaden Schnurstücke und Sterne auffädeln und als Aufhängung anbringen.

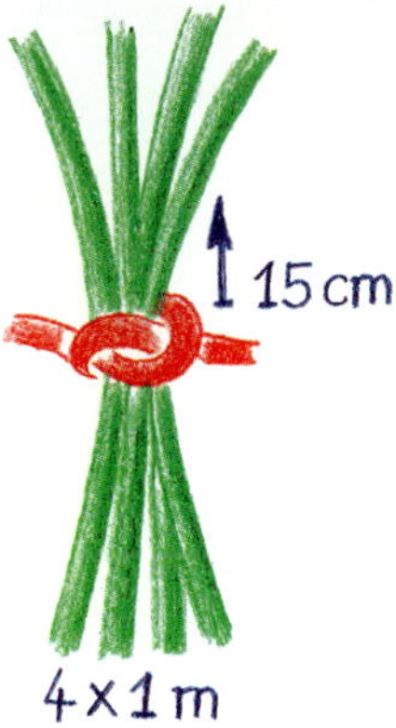
15 cm
4 x 1 m

I.

II.
10 x

III.
1.
3.
4.
2.

IV.
5 x

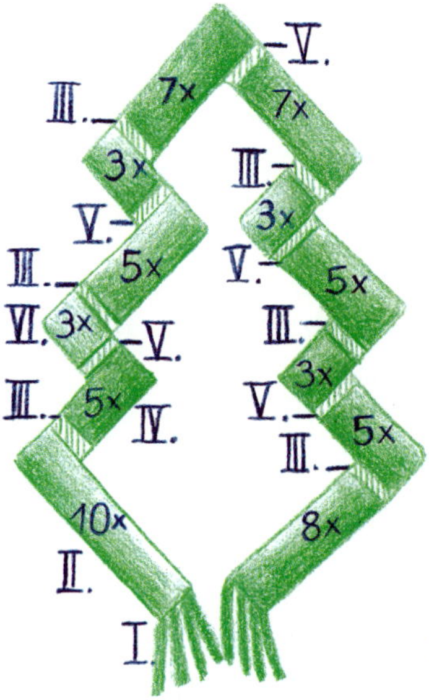
V.
7x
7x
III.
3x
III.
3x
V.
5x
V.
5x
III.
VI.
3x
V.
III.
3x
III.
5x
IV.
V.
5x
III.
10x
8x
II.
I.

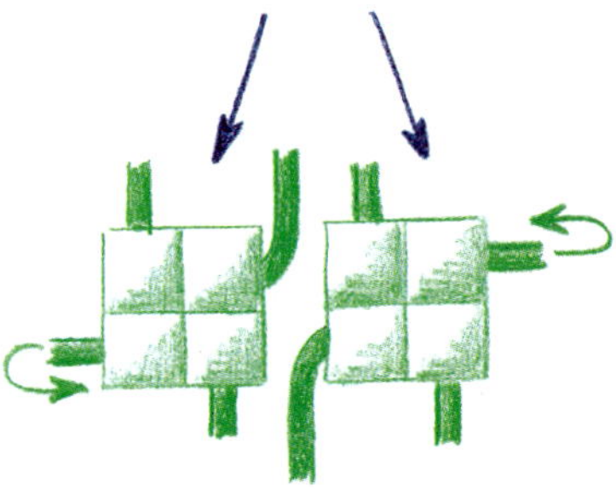

V.

VI.
3 x

VII.
4 x

Rentier

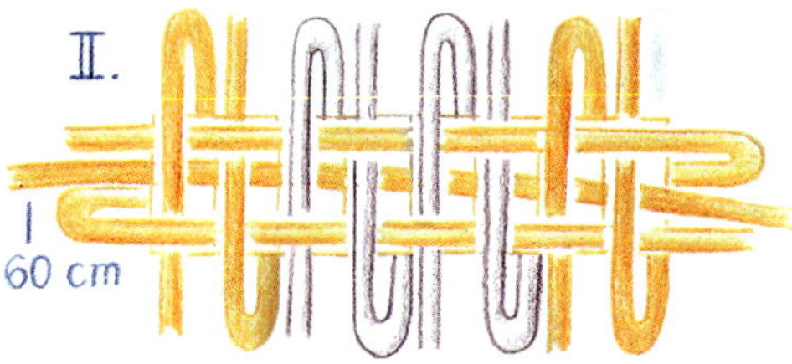

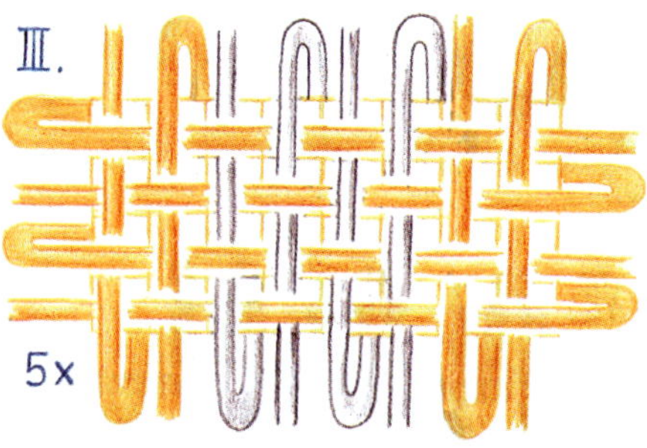

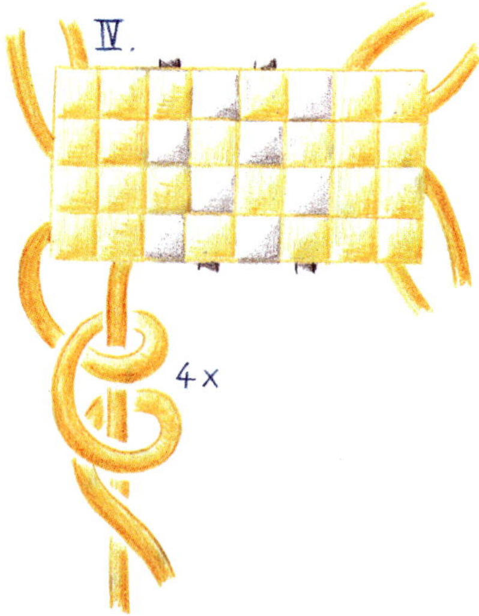

Zapfen

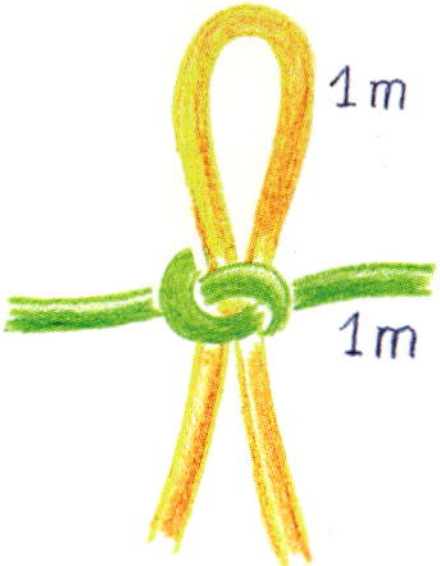

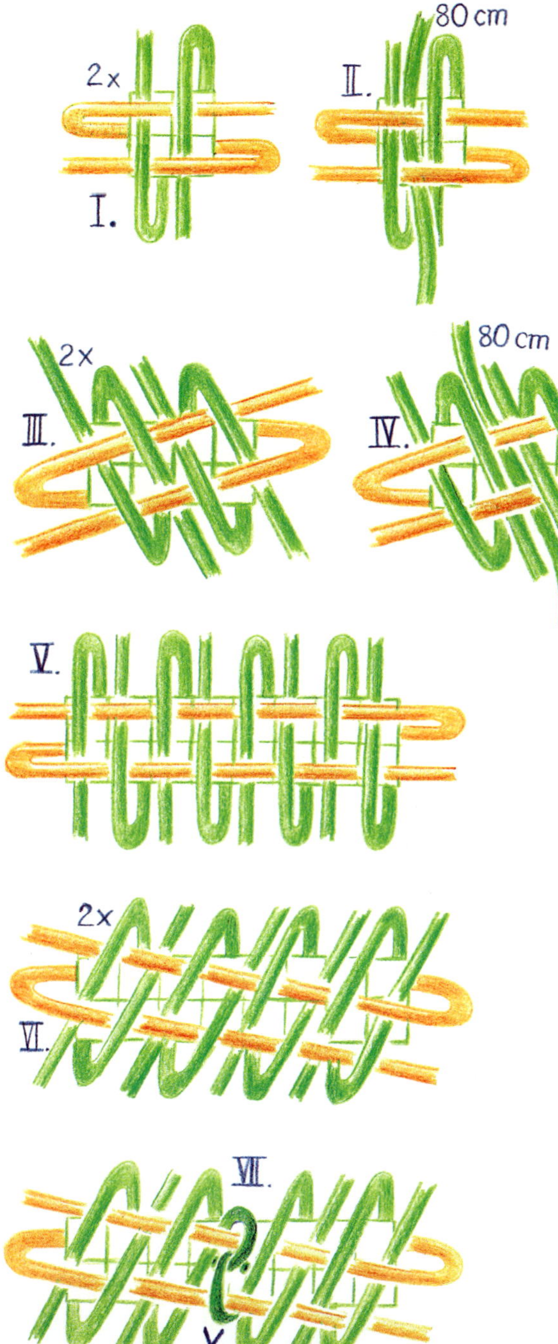

Klemmvogel

Abbildung & Materialangaben Seite 22/23

1. Je eine Schnur in Hellgrün und Gelb (40 cm) abschneiden. In der Mitte ein kleines Loch einschneiden, um jeweils einen 3 cm langen Draht einschieben zu können. Die Mitte mit dem Drahteinzug knicken und die vier Enden durch die Perle ziehen. Je zwei Fäden zusammenfassen und als einen Querfaden benutzen. Zwei grasgrüne Schnüre (je 40 cm) als Längsfäden mittig einlegen.

2. Einen Knoten (viereckig, wie alle folgenden) mit sechs Schnüren (Querfäden doppelt!) legen und dabei jeweils am Rand eine grüne Schnur (40 cm) einlegen (I.). Fünf Knoten mit zehn Schnüren arbeiten (II.). Den nächsten viereckigen Knoten mit acht Schnüren arbeiten (III.). Dabei die hellgrünen Querschnüre nach unten hängen lassen, die gelben Querschnüre einlegen und je eine grüne Schnur zur Querschnur machen. Die abgelegten vier Querschnüre werden zur Befestigung des Vogels am Draht der Klammer verwendet. Nochmals einen Knoten (viereckig) mit acht Schnüren arbeiten. Den nächsten Knoten (viereckig) mit sechs Schnüren legen (IV.). Dabei wieder die bisherigen Querschnüre nach unten hängen lassen bzw. beim Knoten einlegen. Einen weiteren Knoten mit sechs Schnüren arbeiten. Zuletzt drei Knoten (viereckig) mit den vier grasgrünen Schnüren flechten, dabei die bisherigen Querschnüre beim ersten Knoten nach unten hängen lassen bzw. nach unten einlegen (V.).

3. Vier der acht nach unten hängenden Schnüre vor, vier hinter dem Draht der Klammer herumführen und darunter zwei Knoten (viereckig) arbeiten. Die verdrehten Drähte am Ende mit einer Sticknadel fein auffächern und Schnurreste als Schwanzfedern aufziehen. Augen aufmalen und eine Feder als Flügel einstecken.

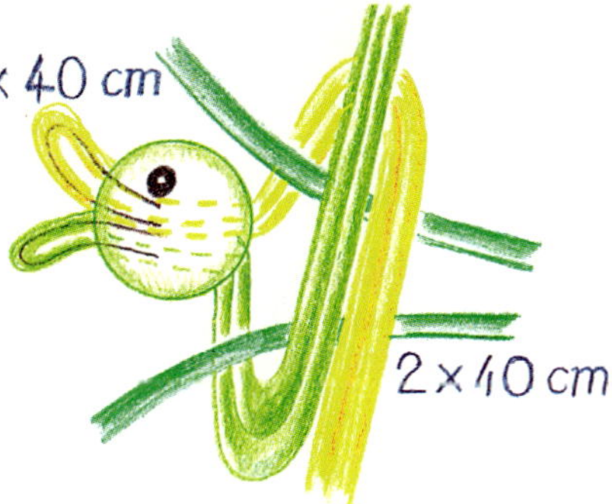
2 x 40 cm
2 x 40 cm

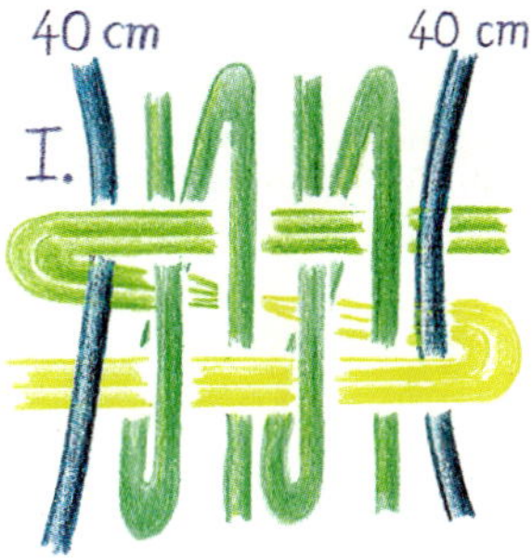
40 cm
40 cm
I.

5 x
II.

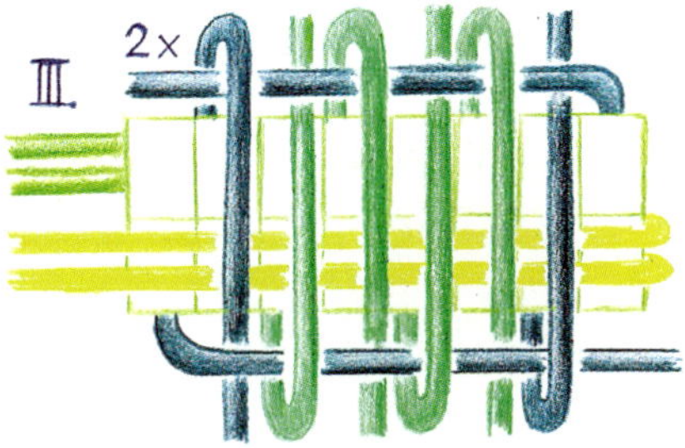
2x
III.

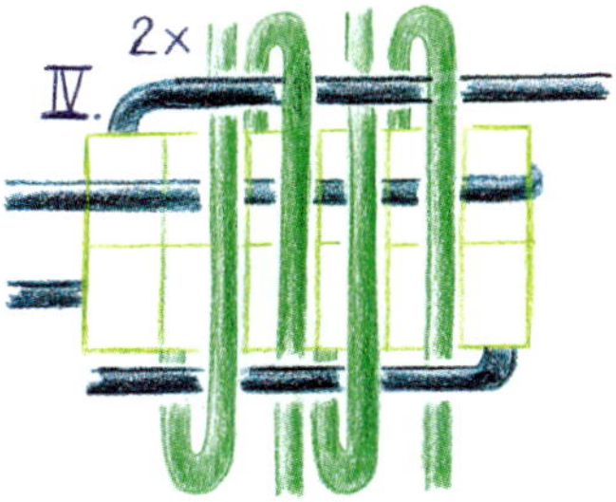
2x
IV.

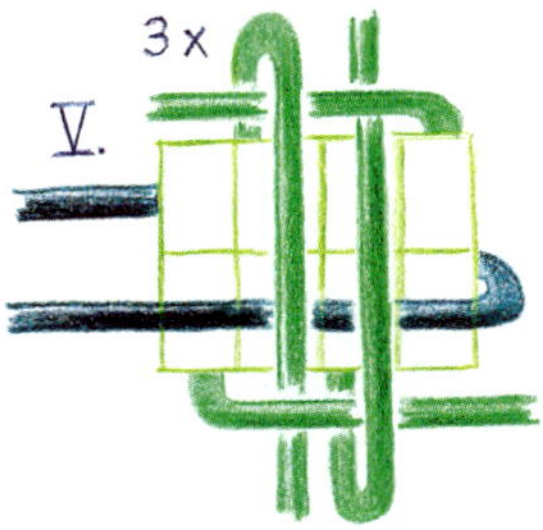
3 x
V.

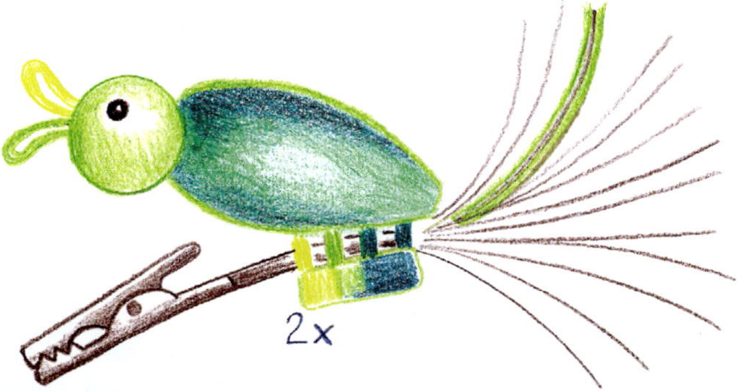
2x

Weihnachtswichtel

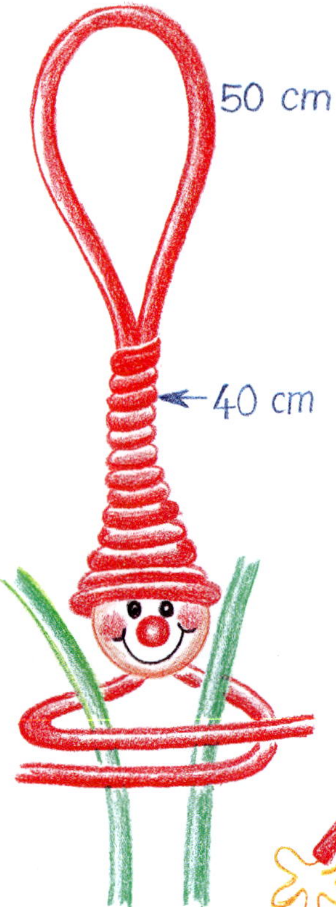

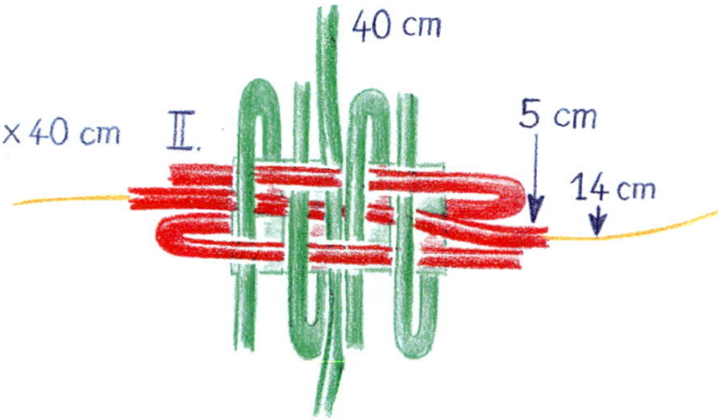

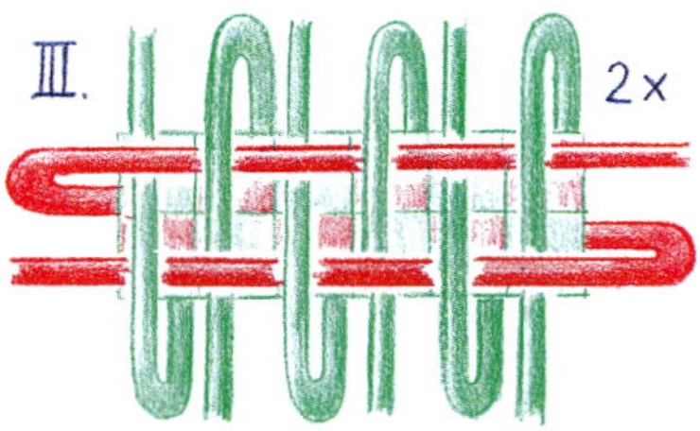

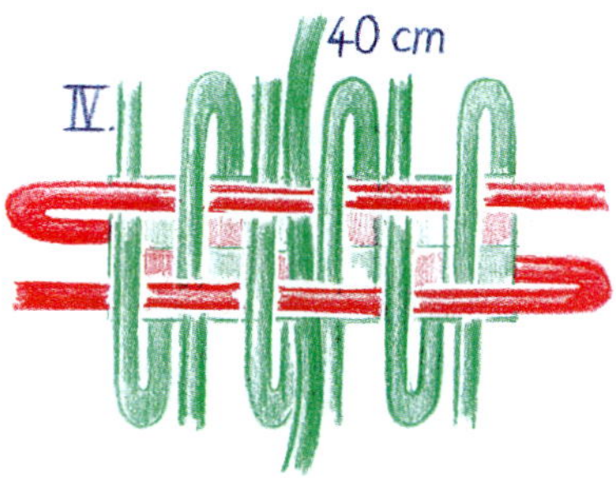

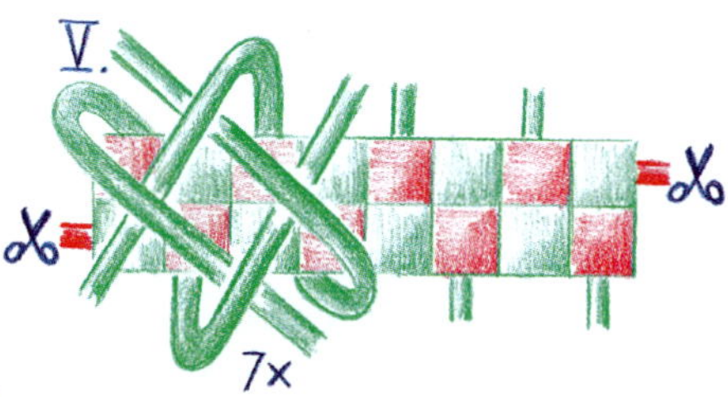

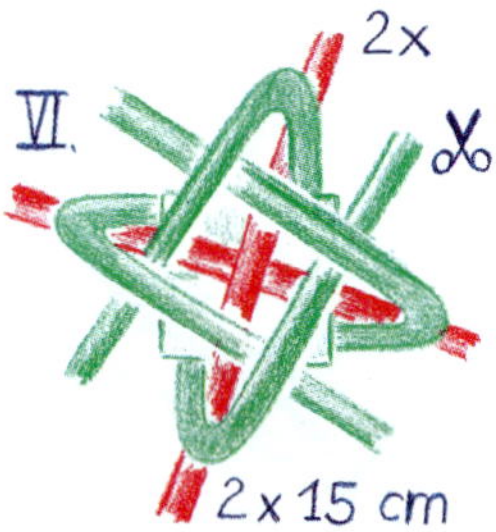

Teelicht

Abbildung & Materialangaben Seite 24/25

1. Vier Schnüre (2 x Gelb, 2 x Orange, je 80 cm) mit Klebeband an einem Ende am Tisch fixieren. Über die beiden mittleren, orangefarbenen Schnüre mit den gelben Schnüren sieben Weberknoten knüpfen, dann den Farbwechsel vollziehen: Dazu die beiden gelben Schnüre über die orangefarbenen Schnüre zur Mitte legen.

2. Mit den jetzt außen liegenden orangefarbenen Schnüren sieben Weberknoten über die gelben Schnüre arbeiten. Auf die beiden mittleren, gelben Schnüre einen Stern aufschieben. Nach etwa 2,5 cm sieben orangefarbene Knoten knüpfen, die Farbe wechseln und sieben gelbe Weberknoten anschließen. Dann wie oben beschrieben wieder einen Stern aufschieben.

3. Die beschriebenen Arbeitsschritte wiederholen bis zum Ende der Schnüre. Mit den Schnurenden das Band um das Glas herum fixieren, wie die Skizze verdeutlicht. Dazu ein Schnurende durch das Flechtwerk ziehen und mit einem anderen verknoten.

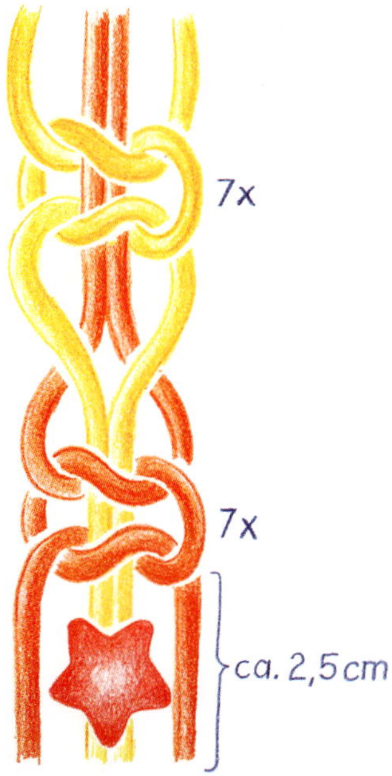

Sterne

Abbildung & Materialangaben Seite 26/27

1. Vier 1 m lange Schnüre (2 x Gold, 2 x Grün) an einem Ende mit einem Schnurstück zusammenhalten und einen Knoten (viereckig) mit vier Schnüren legen (I.). Sechs weitere Knoten anfügen (II.).

2. Anschließend den ersten Winkelknoten (III.) knüpfen: Dazu das Flechtwerk so drehen, dass man auf die Seite blickt, an der das im rechten Winkel abstehende Flechtwerk (siehe schwarze Skizze) entstehen soll. Die hintere, linke, grüne Längsschnur unter der goldenen Querschnur nach vorne führen und nach oben legen. Die vordere, rechte, grüne Schnur nach unten ausrichten. Die linke, vordere, goldene Querschnur über die linke und unter die rechte Längsschnur fädeln. Zuletzt die hintere, rechte, goldene Schnur unter der Goldschnur nach vorne und über die rechte, grüne Schnur in die Schlaufe der linken grünen Schnur ziehen.

3. Anschließend fünf Knoten (viereckig) legen (IV.). Das Geflecht wiederum so drehen, dass man auf die Seite blickt, an der das Geflecht im rechten Winkel weitergeführt werden soll und einen Winkelknoten (V.) arbeiten. Wie beim anderen Winkelknoten mit der hinteren, grünen Längsschnur beginnen und die vordere, grüne Schnur nach unten legen. Dann die vordere und hintere goldene Querschnur einflechten. Nach dem Winkelknoten fünf Knoten (viereckig) arbeiten (VI.).

4. Die Punkte III. bis VI. 5-mal wiederholen und zuletzt noch einmal die Punkte III. und IV. Dann die Überstände abschneiden und verschmelzen. Die beiden Enden mit Perlonfaden zusammenbinden. Ein Schnurstück als Aufhängung um die Nahtstelle legen und verknoten.

I.

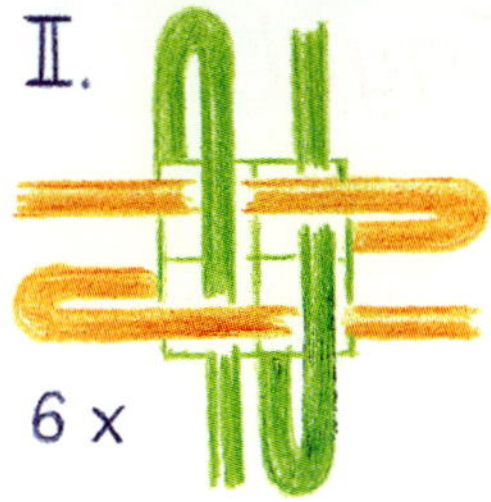
II.
6 x

III.
1.
2.
3.
4.

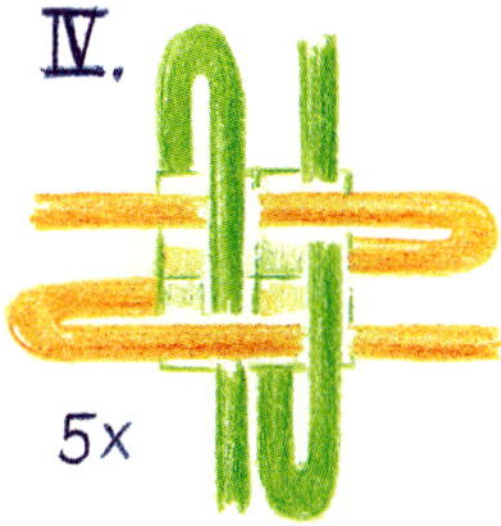
IV.
5x

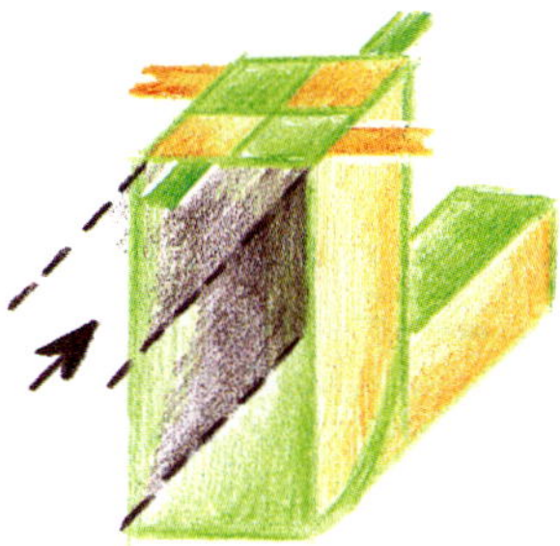

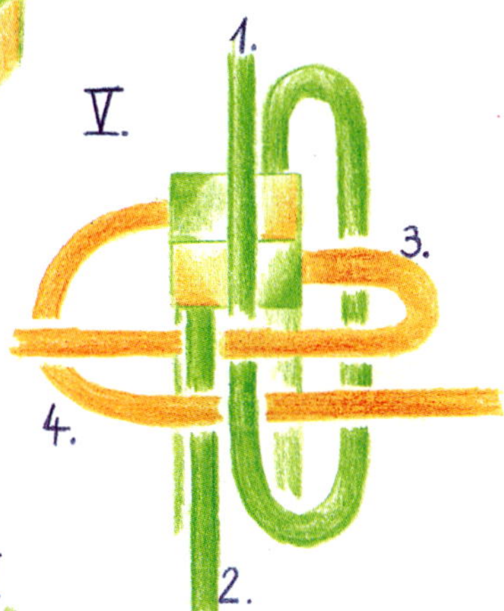
V.
1.
2.
3.
4.

VI.
5x

Ende
I.
II.
III.
VI.
IV.
V.
III.
VI.

Engel

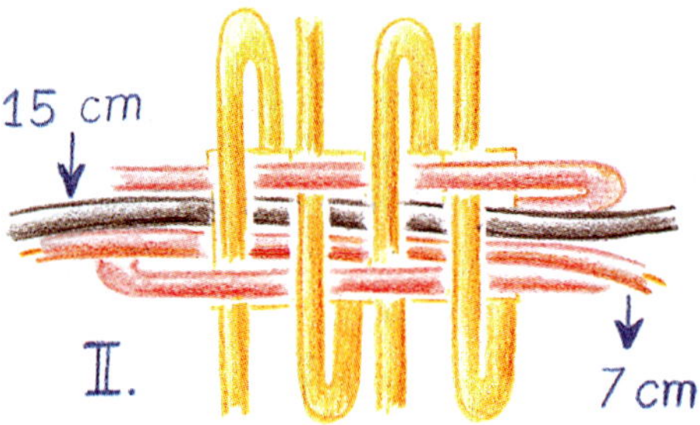

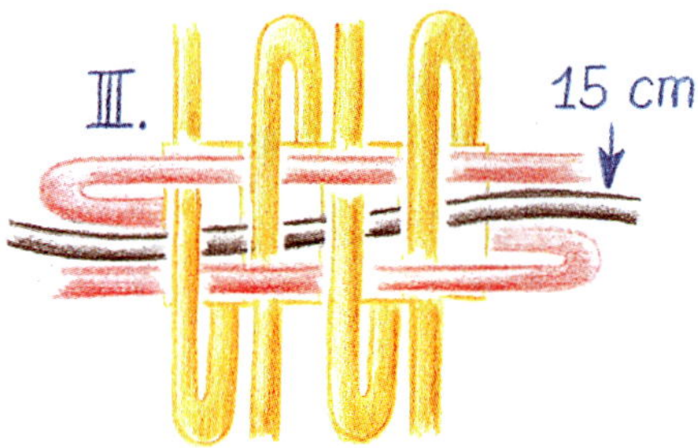

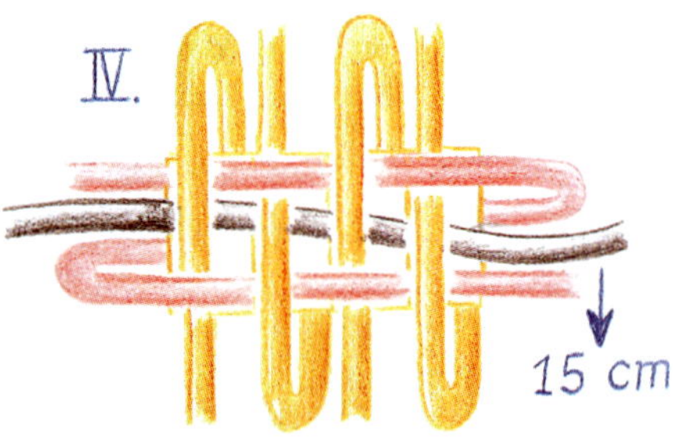

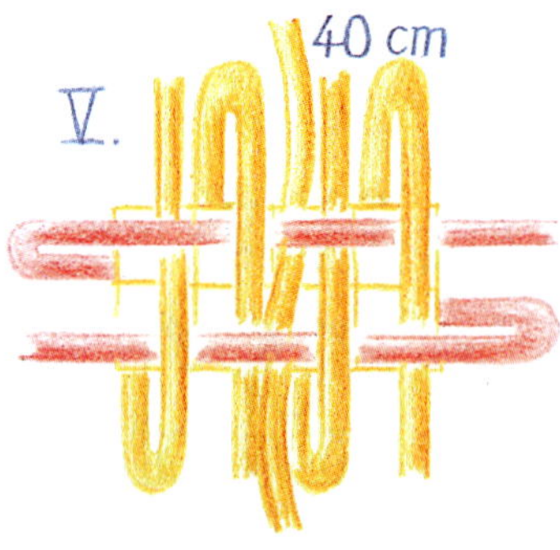

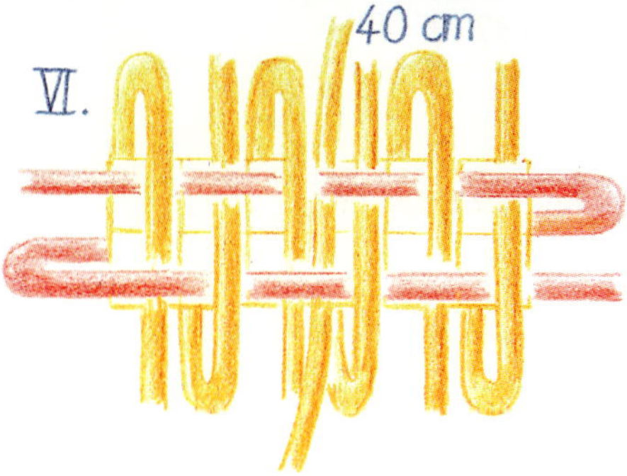
VI.
40 cm

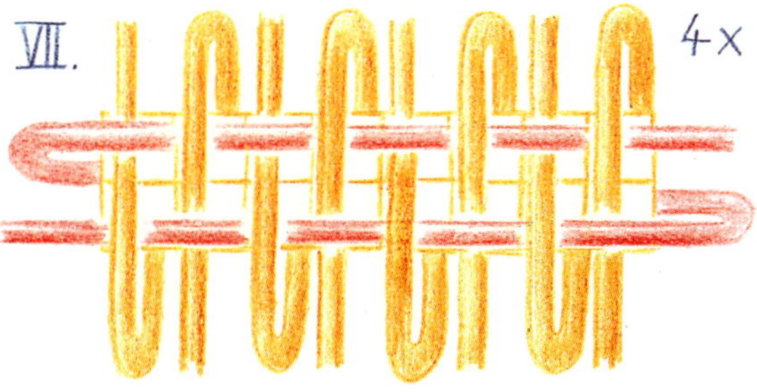
VII.
4 x

Weihnachtsmann

Abbildung & Materialangaben Seite 28/29

1. In ein 25 cm langes, rotes Schnurstück Draht einziehen und das Stück mit der Zange bzw. den Fingern zu einer Mützen-Spirale drehen. Die Enden einer 80 cm langen Schnur so durch die Mütze und die Perle ziehen, dass oben eine Schlaufe für die Aufhängung stehen bleibt. Unter der Perle einen Knoten legen und mittig drei Schnüre (2 x Rot und 1 x Silber, je 80 cm) einhängen, wie die Skizze zeigt.

2. Für den **Mantel** einen Knoten (viereckig) mit acht Schnüren legen (I.). Beim zweiten Knoten (II.) zwei 30 cm lange rote Schnüre quer einlegen, sie werden später für die Arme gebraucht. Anschließend vier Knoten (viereckig, wie I.) mit acht Schnüren legen. Einen weiteren Knoten arbeiten und dabei jeweils am Rand eine 30 cm lange, violette Schnur einlegen (III.). Den Mantel mit sieben Knoten (viereckig) mit 12 Schnüren (IV.) beenden. Beim siebten Knoten zwei 20 cm lange, schwarze Schnüre mittig für die Füße einhängen (V.).

3. Mit den eingezogenen Schnüren für die **Füße** jeweils einen Knoten legen und je eine 20 cm lange Schnur mittig einhängen (V.). Mit den jeweils vier Schnüren für jeden Fuß drei Knoten (rund) mit vier Schnüren arbeiten (VI.). Als Schuhspitze mit den beiden vorderen Schnüren einen einfachen Knoten legen, wie unter der Kopf-Perle.

4. Bei den **Armen** jeweils mit den beiden eingezogenen Schnüren einen Knoten legen und dabei mittig eine 30 cm lange Schnur einhängen. Mit den vier Schnüren den Arm mit neun Knoten (rund) arbeiten. Dabei ein etwa 7 cm langes Drahtstück einstecken und umflechten, damit der Arm formbar wird. Das überstehende Drahtende mit einer kleinen Zange zur Hand biegen. Drahtüberstände abschneiden.

5. Als Haare und Bart weiße Federn aufkleben. Das Gesicht aufmalen und die halbierte Holzperle als Nase befestigen.

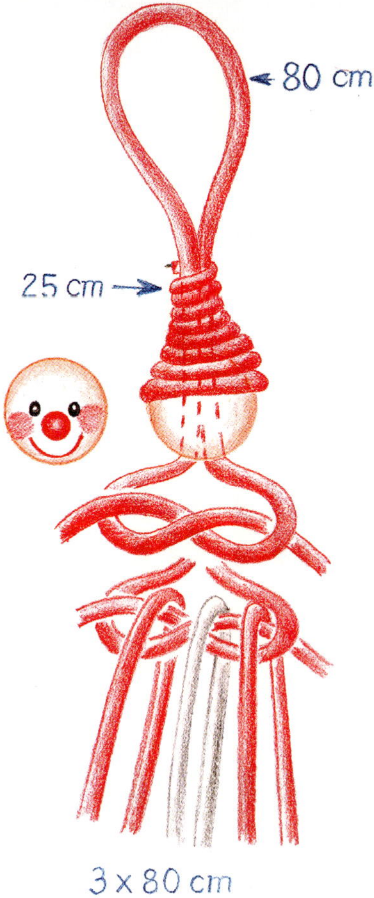
80 cm
25 cm
3 x 80 cm

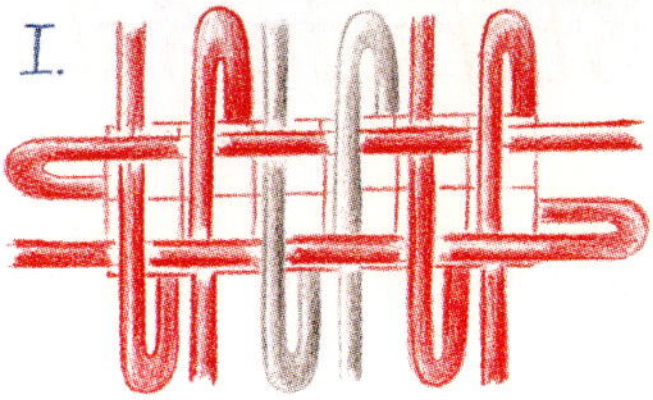
I.

2 x 30 cm
II.

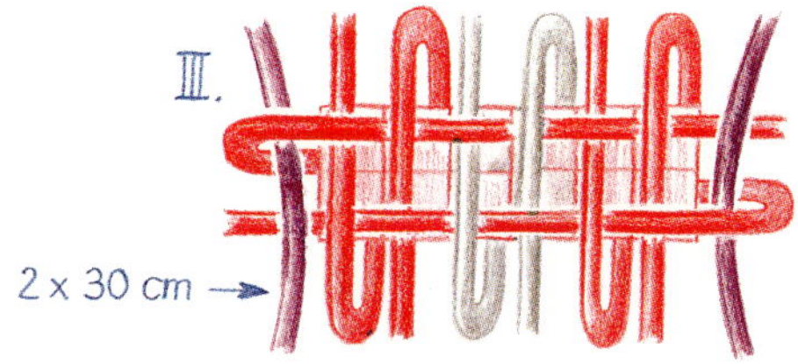
III.
2 x 30 cm

IV.
7x

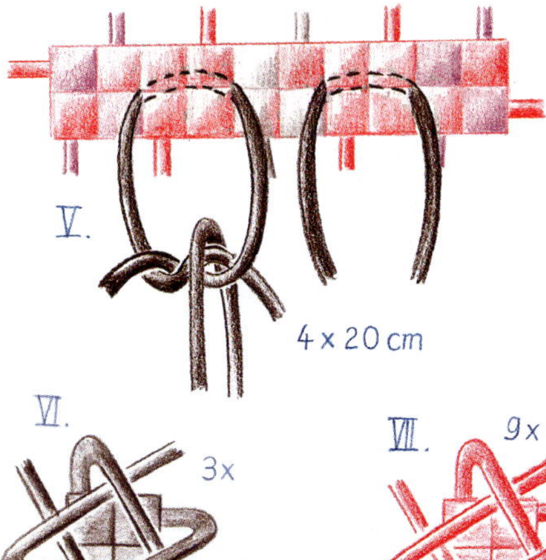
V.
4 x 20 cm

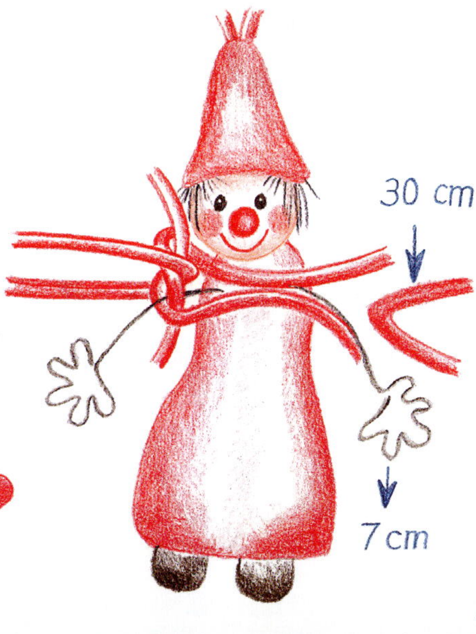
30 cm
7 cm

VI.
3x

VII.
9x

Stern in Schwarzweiß

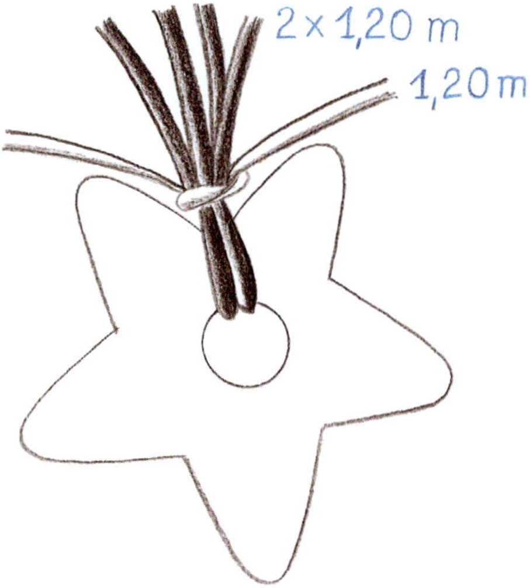

I.

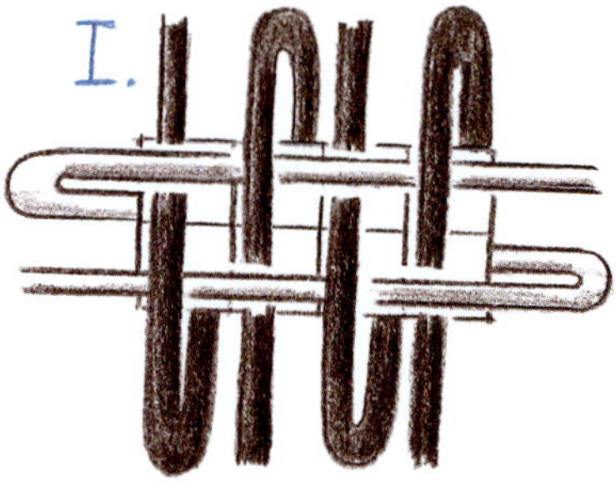

II.

III.

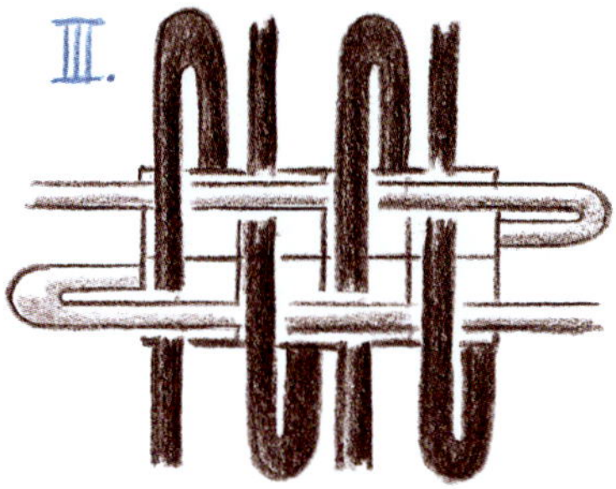

IV.

V.

Stern in Orange

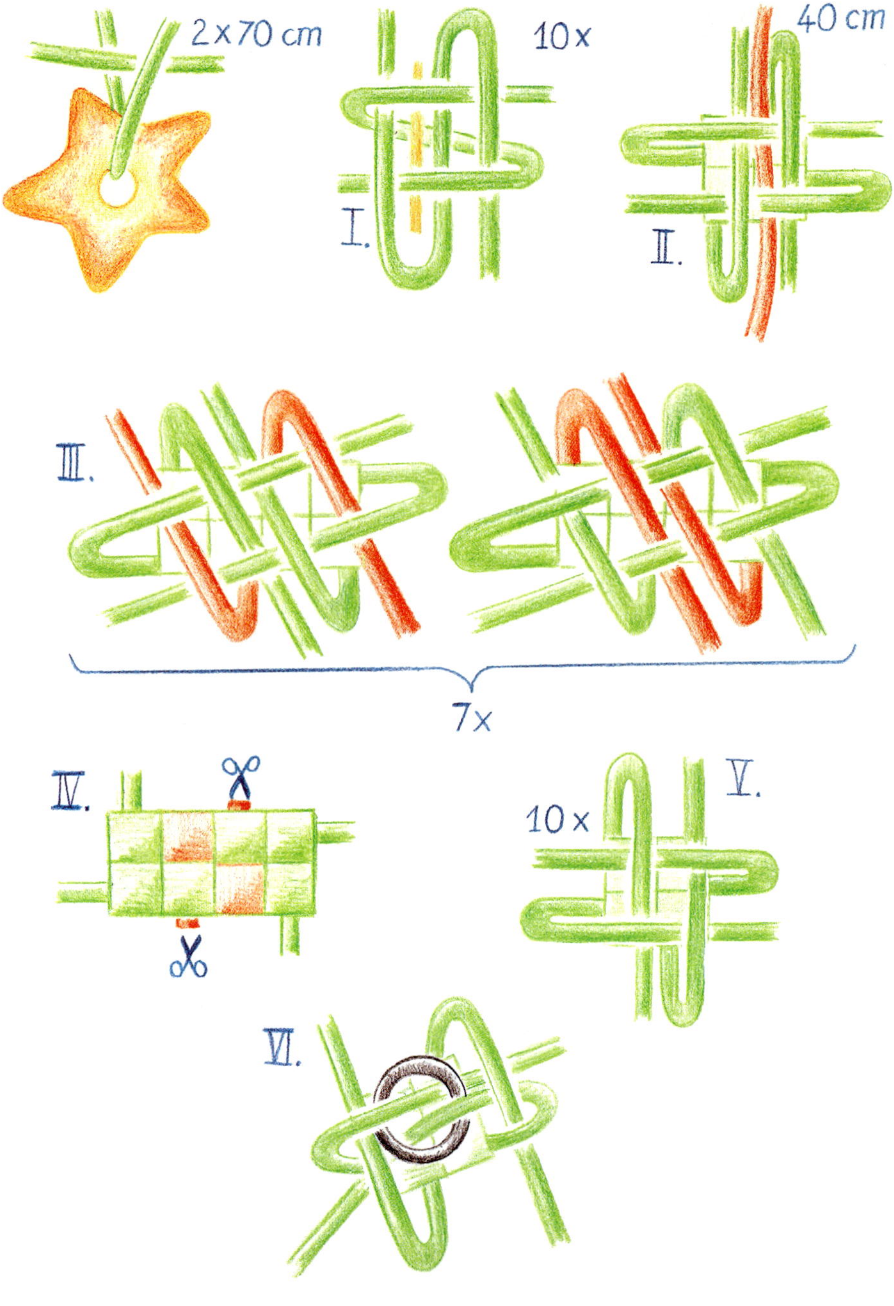

Christbaum

Abbildung & Materialangaben Seite 30/31

1. Die goldfarbene Schnur (1 m) mittig am Stern einhängen, die Enden als Querschnüre verwenden. Eine grüne Schnur (70 cm) mittig einhängen und einen Knoten (viereckig) mit vier Schnüren arbeiten (I.). Einen Knoten (rund) mit vier Schnüren legen (II.). Einen Knoten (rund) mit vier Schnüren arbeiten und dabei eine grüne Schnur (70 cm) einlegen (III.). Einen Knoten (spiralförmig) mit sechs Schnüren arbeiten (IV.), beim nächsten Knoten (spiralförmig) eine grüne Schnur (70 cm) einlegen (V.). Den Baum durch Zugabe von weiteren Schnüren immer mehr erweitern (ohne Skizzen).

2. Zwei Knoten (spiralförmig, wie alle folgenden) mit acht Schnüren legen und dabei beim zweiten Knoten eine grüne Schnur (70 cm) mittig längs einlegen. Zwei Knoten mit zehn Schnüren arbeiten, dabei beim zweiten Knoten wiederum eine grüne Schnur (70 cm) mittig einlegen. Zwei Knoten mit zwölf Schnüren arbeiten, dabei beim zweiten Knoten mittig eine hellgrüne Schnur (50 cm) einlegen. Zwei Knoten mit vierzehn Schnüren arbeiten und wiederum beim zweiten Knoten eine hellgrüne Schnur (50 cm) einlegen. Zwei Knoten mit sechzehn Schnüren arbeiten, wiederum beim zweiten Knoten eine hellgrüne Schnur (50 cm) einlegen. Zuletzt spiralförmige Knoten mit achtzehn Schnüren anfertigen, bis die goldenen Querfäden zu Ende sind.

1m
7cm

I.

II.

III.
1.
3.
4.
2.

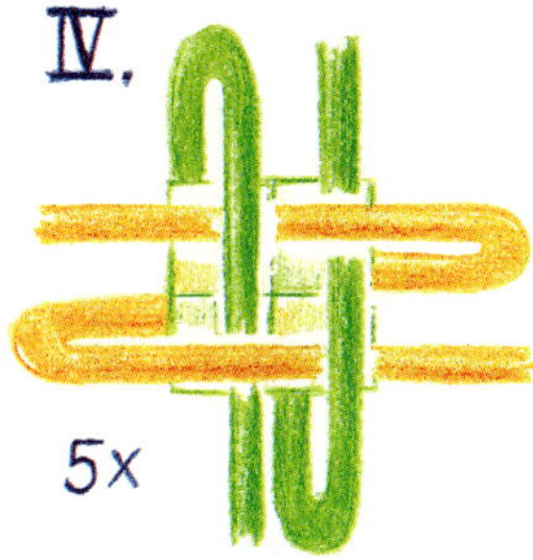
IV.
5x

V.
70cm

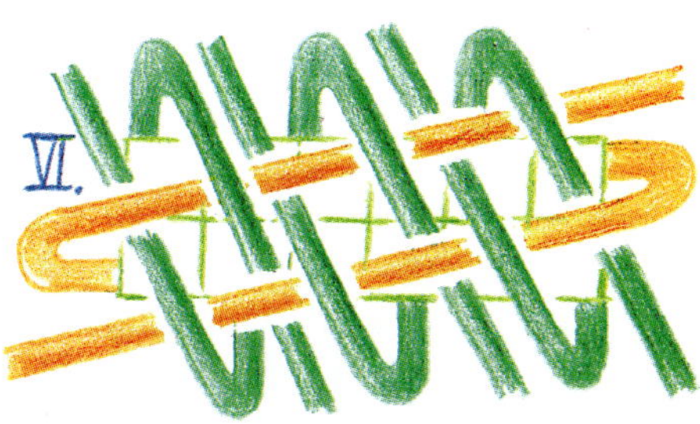
VI.

Elch

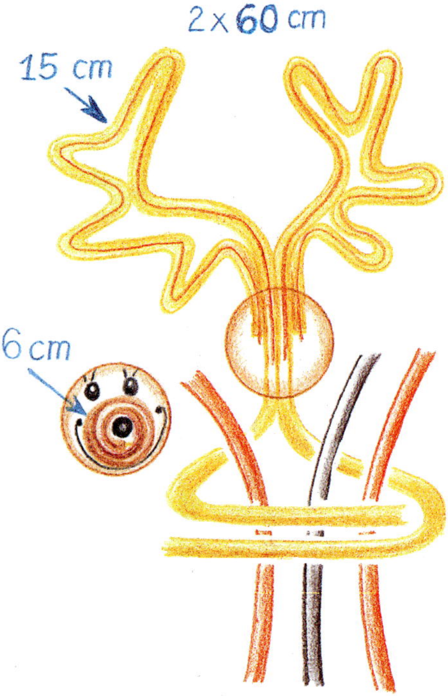

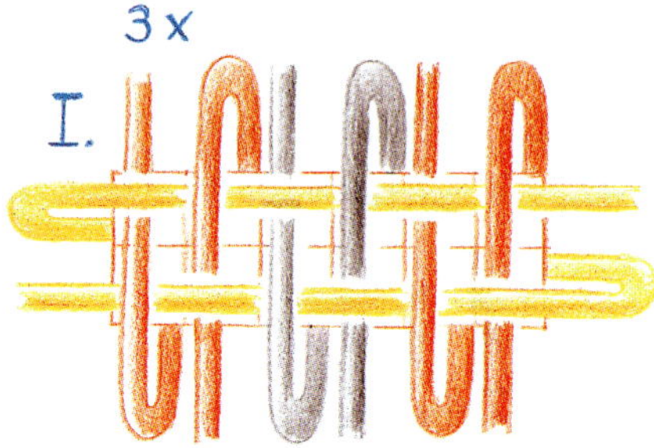

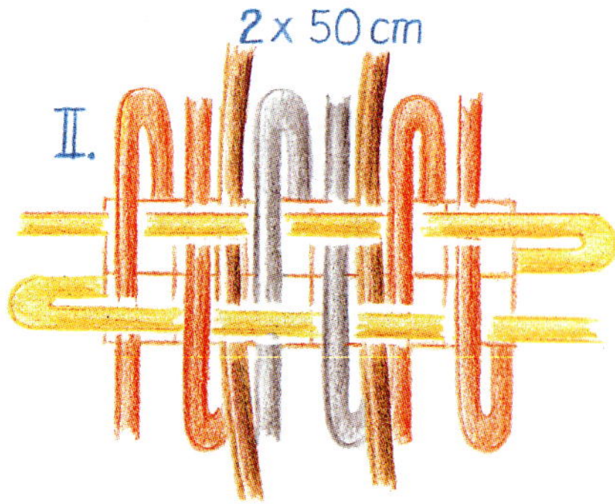

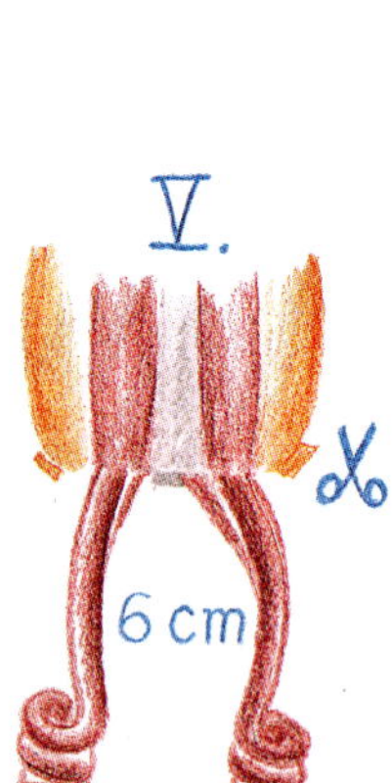

Schneeflocken

Material

- Schnüre in Silber, Türkis, Blau (mit Silbereinzug), Transparent (mit Glitter)
- 2 Glitterperlen in Kristall, 7 mm Ø
- Holzperlen in Weiß, 12 mm Ø
- Plexiglasperle in Kristall, 16 mm Ø
- Acrylfarben in Schwarz, Türkis
- Folie, matt, geprägt
- Silberdraht, 0,8 mm Ø
- Sekundenkleber

Vorlagenheft

Seiten 12 - 13

1 Die Enden einer 50 cm langen silberfarbenen Schnur durch die Holzperle ziehen und mit einer weiteren eingelegten Schnur (50 cm) einen Knoten (viereckig) mit vier Schnüren arbeiten. Vor dem Festziehen des ersten Knotens längs eine dritte Schnur (50 cm) einlegen (I.). Einen Knoten (viereckig) mit sechs Schnüren flechten und dabei eine 7 cm lange Transparent-Schnur mit Drahteinzug quer als Arme einlegen (II.).

2 Einen Knoten (viereckig, wie alle folgenden) mit sechs Schnüren flechten und dabei mittig eine 40 cm lange türkisfarbene Schnur längs einlegen (III.). Einen Knoten mit acht Schnüren legen (IV.). Beim nächsten Knoten längs eine 30 cm lange türkisfarbene Schnur mittig einlegen (V.). Einen Knoten mit zehn Schnüren arbeiten und dabei wiederum eine 30 cm lange Schnur einlegen (VI.).

3 Das Kleid mit vier Knoten mit jeweils zwölf Schnüren beenden (VII.). Anschließend alle silberfarbenen Schnüre abschneiden und mit den verbleibenden sechs türkisfarbenen Schnüren einen Knoten flechten (VIII.). Die Schnüre anschließend um die Plexiglas-Perle herumführen und darunter nochmals drei Knoten (viereckig) mit sechs Schnüren arbeiten.

4 Als Puffärmel jeweils eine Glitterperle auf die Arme aufschieben. Die Enden der Schnüre mit einer kleinen Rundzange als Hände eindrehen. Als Haare türkisfarbene Schnurabschnitte in die Bohrung einstecken und fein einschneiden. Die Schneeflocke aus Folie ausschneiden und auf der Rückseite fixieren. Das Gesicht aufmalen.

Tanne & Rentier

Material

Rentier

- Schnüre in Braun (Transparent), Gold (mit Silbereinzug), Weiß (Opak)
- Perle „Polaris" in Apricot, 14 mm Ø
- Holzperle in Rot, 4 mm Ø
- Tuschestift in Schwarz, permanent, 0,35 mm Ø
- Messingdraht, 0,3 mm Ø
- Cutter
- Kraft- oder Sekundenkleber

Tanne

- Schnüre in Grün (mit Silbereinzug)
- Kunststoffsterne in Rot, 1 x 15 mm, 1 x 10 mm
- Perlonfaden, 0,25 mm Ø

Vorlagenheft

Seiten 14 - 16

Anleitung für die Tanne im Vorlagenheft auf Seite 14.

Rentier

1 Vier braune, 10 cm lange Schnüre abschneiden und Draht einziehen. Eine 70 cm lange goldene Schnur mittig knicken und die vier braunen Schnüre mit Drahteinzug mittig einlegen. Die Enden der goldenen Schnur durch die Perle (14 mm Ø) ziehen. Unter dem Kopf verknoten und dabei vier Schnüre (2 x Gold, je 70 cm und 2 x Weiß, je 60 cm) einlegen.

2 Einen Knoten (viereckig) mit zehn Schnüren arbeiten (I.). Einen Knoten (viereckig) mit zehn Schnüren legen und dabei quer eine 60 cm lange Goldschnur mittig einlegen (II.). Fünf Knoten (viereckig) mit zwölf Schnüren legen (III.). Um einen gleichmäßigen Knoten zu erzielen, jede Schnur einzeln anziehen.

3 Die weißen Schnüre abschneiden und verschmelzen. Mit je zwei goldfarbenen Schnüren ein Bein mit vier Schlingenknoten knüpfen (IV. und Seite 4). Zum Schluss mit beiden Schnüren eine Schlinge legen und festziehen. Überstände abschneiden.

4 Für das Geweih je vier am Kopf überstehende Schnurenden zunächst etwa 5 mm weit miteinander verdrehen, dann jeweils zwei Schnüre miteinander etwa 10 mm weit verdrehen. Für die Ohren jeweils ein 2 cm langes, braunes Schnurstück mit Draht versehen, mittig knicken und aufbiegen. Das Gesicht aufmalen. Als Nase eine halbierte Holzperle aufkleben.

Baumschmuck

Material

Zapfen

- Schnüre in Gold, Hellgrün (mit Silbereinzug)
- Plexiglas-Perle in Tannengrün, 22 mm Ø

Klemmvogel

- Schnüre in Hellgrün, Gelb, Grasgrün, Grün (mit Glitter)
- Perle (Polaris) in Hellgrün, 14 mm Ø
- Flauschfeder in Hellblau
- Krokodilklammer mit Draht
- Silberdraht, 0,8 mm Ø
- Tuschestift in Schwarz, permanent

Vorlagenheft

Seiten 17 - 19

Anleitung für den Klemmvogel im Vorlagenheft auf Seite 18.

Zapfen

1 Eine goldfarbene Schnur (1 m) mittig knicken und eine grüne Schnur (1 m) quer anknoten, so dass eine goldene Schlaufe erhalten bleibt. Die goldenen Schnüre als Querfäden benutzen. Zwei Knoten (viereckig) mit vier Schnüren arbeiten (I.). Einen Knoten (viereckig) mit vier Schnüren legen und dabei längs eine grüne Schnur (80 cm) einlegen (II.). Zwei Knoten (spiralförmig) mit sechs Schnüren arbeiten (III.). Einen weiteren spiralförmigen Knoten mit sechs Schnüren flechten und dabei eine grüne Schnur (80 cm) mittig einlegen (IV.). Drei Knoten (spiralförmig) mit acht Schnüren arbeiten und dabei beim dritten Knoten wiederum eine grüne Schnur mittig einarbeiten (ohne Skizze). Zwei Knoten (spiralförmig) mit zehn Schnüren arbeiten (ohne Skizze), dann die Schnüre um die Plexiglas-Perle herumführen und unter der Perle einen Knoten (viereckig) mit zehn Schnüren legen (V.).

2 Den Zapfen jetzt in umgekehrter Weise nach unten verjüngen: Drei Knoten (spiralförmig) mit zehn Schnüren legen, dabei beim dritten Knoten zwei gegenüberliegende grüne Schnüre miteinander verknoten und abschneiden (VI. und VII.). In der gleichen Weise weiterarbeiten (ohne Skizzen): Drei Knoten (spiralförmig) mit acht Schnüren legen. Beim dritten Knoten wieder zwei gegenüberliegende grüne Schnüre miteinander verknoten und abschneiden. Drei Knoten (spiralförmig) mit sechs Schnüren flechten. Beim dritten Knoten wieder zwei gegenüberliegende grüne Schnüre miteinander verknoten und abschneiden. Zuletzt zwei Knoten (spiralförmig) mit vier Schnüren legen, dann mit einer Schnur zwei Schlingen über die anderen drei Schnüre festziehen.

Weihnachtswichtel

Material

Weihnachtswichtel

- Schnüre in Grün, Rot (Glitter)
- Perle (Polaris) in Apricot, 14 mm Ø
- Messingdraht, 0,8 mm Ø
- Holzkugel in Rot, 4 mm Ø
- Kunststoff-Stern in Rot, 15 mm
- Flauschfedern in Orange
- Farbstift in Rot
- Tuschestift in Schwarz, permanent
- kleine Rundzange

Teelicht

- Schnüre in Gelb, Orange (mit Glitter)
- Kunststoffsterne in Rot, Gelb, Orange, Violett, 15 mm Ø
- kleines Glas, ca. 5 cm Ø
- Klebeband

Vorlagenheft

Seiten 20 - 21

Anleitung für das Teelicht im Vorlagenheft auf Seite 21.

Weihnachtswichtel

1 In eine 40 cm lange, rote Schnur einen Draht einziehen und mit der Zange bzw. den Fingern die Mützen-Spirale formen. Die Enden einer 50 cm langen Schnur durch die Mütze und die Perle nach unten ziehen und als Querfäden verwenden. Mittig zwei jeweils 40 cm lange, grüne Schnüre einlegen und einen Knoten (viereckig) mit sechs Schnüren flechten (I.).

2 Für die Arme in ein 5 cm langes, rotes Schnurstück einen 14 cm langen Draht einziehen, so dass die Enden gleichmäßig auf beiden Seiten überstehen. Beim zweiten viereckigen Knoten längs eine grüne Schnur mittig einlegen und quer die Schnur für die Arme (II.). Den überstehenden Draht zur Hand biegen, Überstände abschneiden.

3 Zwei Knoten (viereckig) mit acht Schnüren arbeiten (III.), beim nächsten Knoten mittig eine 40 cm lange Schnur längs einlegen (IV.). Anschließend mit allen Schnüren zwei Knoten (viereckig) mit 10 Schnüren flechten (ohne Skizze), dann die roten Schnüre abschneiden und mit jeweils vier grünen Schnüren sieben Knoten (rund) als Beine arbeiten (V.). Beim achten Knoten zwei rote Schnüre (je 15 cm) einlegen. Die grünen Enden abschneiden und mit den roten Enden zwei Knoten (rund) als Fuß arbeiten. Als Fußspitze mit den beiden nach vorne zeigenden Schnüren einen Doppelknoten knüpfen.

4 Federn-Haare und die halbierte Holzperle aufkleben. Das Gesicht aufmalen. Auf ein Schnurstück einen Stern aufschieben, die Enden durch die Hand ziehen und verknoten.

Engel & Sterne

Material

Engel

- Schnüre in Rosé, Gold (Silbereinzug), Transparent (mit Glitter)
- Perle (Polaris) in Apricot, 14 mm Ø
- Messingdraht, 0,8 mm Ø
- Tuschestift in Schwarz, permanent
- Farbstift in Rot
- Acrylfarbe in Weiß

Sterne

- Schnüre in Gold (mit Goldeinzug), Hellgrün oder Gelb (Metallic)
- Perlonfaden, 0,25 mm Ø
- Sticknadel

Vorlagenheft

Seiten 22 - 25

Anleitung für die Sterne im Vorlagenheft auf Seite 22.

Engel

1 Eine roséfarbene, ein Meter lange Schnur mittig knicken und die Enden durch die Perle nach unten ziehen, dabei soll über dem Kopf eine Schlaufe als Aufhängung stehen bleiben. Als Haare Abschnitte der Transparent-Schnur in die Bohrung einstecken und fein einschneiden. Zwei 50 cm lange goldfarbene Schnüre unter dem Kopf einlegen und einen Knoten (viereckig) mit sechs Schnüren arbeiten (I.). Beim nächsten viereckigen Knoten eine roséfarbene, 7 cm lange Schnur mit Drahteinzug für die Arme und eine 15 cm lange Transparent-Schnur für den Flügel quer einlegen (II.). Beim dritten und vierten Knoten (III. und IV.) wiederum jeweils eine 15 cm lange Transparent-Schnur quer für die Flügel einlegen.

2 Einen Knoten (viereckig) mit sechs Schnüren arbeiten und dabei längs eine 40 cm lange goldfarbene Schnur mittig einlegen (V.). Einen Knoten (viereckig) mit acht Schnüren flechten und dabei wiederum eine goldfarbene Schnur (40 cm) längs mittig einlegen (VI.). Den Engel mit vier Knoten (viereckig) mit zehn Schnüren beenden (VII.).

3 Mit einer kleinen Rundzange die Enden der Arme spiralförmig eindrehen. Die Schnurüberstände am Kleid unten bis auf 2 cm kürzen und mit einer kleinen spitzen Schere fein einschneiden (jede Schnur etwa 4-mal). Dabei den in der Schnur laufenden Goldfaden abschneiden. Die Schnüre der Flügel zusammenkleben und schräg abschneiden. Das Gesicht aufmalen. Durch Anfönen der fein eingeschnittenen „Haare" und der „Wolke" können die Schnüre gebogen werden.

Festliche Anhänger

Material

Weihnachtsmann

- Schnüre in Rot, Violett (Glitter), Silber (Silbereinzug), Schwarz (opak)
- Perle (Polaris) in Apricot, 14 mm Ø
- Holzkugel in Rot, 4 mm Ø
- Flauschfeder in Weiß
- Silberdraht, 0,8 mm Ø
- Farbstift in Rot
- Tuschestift in Schwarz (permanent)
- Kraftkleber
- kleine Rundzange

Stern in Schwarzweiß

- Baumwollschnüre in Weiß, Schwarz, lüstriert, 2 mm Ø
- Stern in Weiß, 5 cm
- Sekunden- oder Kraftkleber

Stern in Orange

- Schnüre in Hellgrün, Orange (Metallic)
- Kunststoff-Stern in Orange, 30 x 20 mm
- Handy-Anhänger

Vorlagenheft

Seiten 26 - 29

Anleitung für den Weihnachtsmann im Vorlagenheft auf Seite 26.

Stern in Schwarzweiß

1 Zwei schwarze Schnüre (je 1,20 m) mittig im Stern einhängen. Eine weiße Schnur (1,20 m) anknoten. Einen Knoten (viereckig) mit sechs Schnüren arbeiten (I.). Fünf Knoten (spiralförmig) legen (II.), dann einen Knoten (viereckig) arbeiten (III.). Fünf Knoten (spiralförmig) flechten (IV.) und einen Knoten (viereckig) anschließen (V.).

2 Die Arbeitsschritte II. bis V. einmal wiederholen. Dann die schwarzen Enden abschneiden und mit etwas Klebstoff sichern. Die beiden weißen Querschnüre mit einem Knoten als Aufhängung zusammenführen.

Stern in Orange

1 Eine 70 cm lange Schnur mittig am Stern einhängen, eine zweite Schnur einlegen und zehn Knoten (viereckig) mit vier Schnüren arbeiten (I.). Einen Knoten (viereckig) mit vier Schnüren legen und dabei längs eine 40 cm lange orangefarbene Schnur einlegen (II.). Anschließend 14 Knoten (spiralförmig) mit sechs Schnüren flechten (III.). Dabei wechseln die orangefarbenen und grünen Längsschnüre immer wieder die Position (siehe Skizzen).

2 Nach den Spiralknoten die orangefarbenen Schnüre abschneiden (IV.) und mit den vier grünen Schnüren zehn Knoten (viereckig) arbeiten (V.). Zuletzt einen viereckigen Knoten durch den Ring des Handy-Anhängers flechten (VI.).

Elch & Christbaum

Material

Elch

- Schnüre in Hellorange, Braun (opak), Goldgelb, Rot (Transparent), Silber (mit Silbereinzug)
- Messingdraht, 0,8 mm Ø
- Holzkugel in Hellbraun, 15 mm Ø
- Tuschestift in Schwarz, permanent
- Acrylfarbe in Weiß
- Rocaille in Schwarz, 2,5 mm Ø
- kleine Zange

Christbaum

- Schnüre in Grün, Hellgrün (mit Glitter), Gold (mit Goldeinzug)
- Stern in Gold, 3,5 cm

Vorlagenheft

Seiten 30 - 32

Anleitung für den Christbaum im Vorlagenheft auf Seite 30.

Elch

1 In zwei 60 cm lange, goldgelbe Schnüre jeweils an einem Ende 15 cm Draht einschieben und das Geweih mit einer kleinen Zange formen. Die Schnüre durch die Holzkugel nach unten ziehen und als Querschnüre verwenden. Insgesamt drei Längsschnüre (je 50 cm, 2-mal in Orange, einmal in Silber) einlegen und drei Knoten (viereckig, wie alle folgenden) mit acht Schnüren arbeiten (I.).

2 Einen Knoten legen und dabei längs zwei 50 cm lange braune Schnüre einlegen (II.). Sieben Knoten mit je zwölf Schnüren anschließen (III.), dann den goldgelben Querfaden abschneiden und einen Knoten mit zehn Schnüren legen (IV.). Dabei zwei bisherige Längsschnüre als Querschnüre verwenden. Zum Schluss alle Schnüre bis auf die vier braunen abschneiden; die braunen Schnüre auf 6 cm kürzen und mit Drahteinzug versehen (V.). Die Enden jeweils mit einer kleinen Zange zu Fußspiralen eindrehen.

3 Für die Schnauze in eine 6 cm lange, hellorangefarbene Schnur Draht einziehen. Mit einer kleinen Zange zur Spirale drehen und als Schnauze aufkleben. Mund und Augen aufmalen. Als Kopfhaare einige Abschnitte der braunen Schnur in die Bohrung einkleben und die überstehenden Enden fein einschneiden. Als Schal ein rotes Schnurstück umbinden.

Impressum

© Christophorus
im Verlag Herder
Freiburg im Breisgau 2004
Alle Rechte vorbehalten –
Printed in Germany
ISBN 3-419-56685-9

Textredaktion:
Ursula Brunn-Steiner, Groß-Gerau

Styling und Fotos:
Roland Krieg, Waldkirch

Titelbild:
Peter Nielsen, Umkirch

Layoutentwurf:
Network!, München

Coverrealisierung:
smp, Freiburg

Satz:
art und weise, Freiburg

Druck:
Freiburger Graphische Betriebe

Wir sind für Sie da, wenn Sie Fragen haben.
Und wir interessieren uns für Ihre eigenen Ideen und Anregungen.
Schreiben Sie uns, wir hören gern von Ihnen!
Ihr Christophorus-Team

Verlag Herder GmbH
Christophorus-Verlag
Hermann-Herder-Str. 4
79104 Freiburg
Tel.: 0761/2717-0
Fax: 0761/2717-352
e-mail:
info@christophorus-verlag.de
www.christophorus-verlag.de

Profi-Tipps der Autorin

- Für die meisten Figuren habe ich Polaris-Perlen als Köpfe verwendet. Geeignet sind auch Holzkugeln mit dem gleichen Durchmesser. Wenn die Bohrung der Holzkugeln zu klein ist, diese mit einem Bohrer, einer Feile oder durch Drehbewegungen eines spitzen Messers vorsichtig erweitern.

- Gesichter mit Acrylfarben, einem permanenten Tuschestift oder Farbstift aufmalen. Weiße Lichtpunkte im Auge am besten mit einer Sticknadel auftupfen.

- Für Nasen eine Holzperle mit dem Cutter auf einer schnittfesten Unterlage halbieren und aufkleben.

3-419-56633-6

3-419-56643-3

3-419-56644-1